S P A N I S H

읽으면서 배우는

스페인어

Índice

Lección 1 Prohibido fumar en la sala ··· 3
Lección 2 Malas Notas ··· 5
Lección 3 La carta de recomendación ··· 7
Lección 4 ¡Dos caracteres fuertes! ··· 9
Lección 5 Los celos de Rosa ··· 11
Lección 6 Encontronazo ··· 13
Lección 7 Una noche en el tren ··· 15
Lección 8 La tarde de toros ··· 17
Lección 9 Las grandes fiestas de España ··· 21
Lección 10 Los amigos toman un café ··· 29
Lección 11 El mendigo y el peluquero ··· 31
Lección 12 Una receta de cocina ··· 33
Lección 13 Una mosca en el café ··· 35
Lección 14 Ni mujeres, ni perros ··· 37
Lección 15 El mote ··· 39
Lección 16 Lazarillo de Tormes ··· 41
Lección 17 Una lección de cortesía ··· 47
Lección 18 La estrategia de don José María ··· 49
Lección 19 Teoría de la tertulia ··· 51
Lección 20 Marianela ··· 55
Lección 21 El doctor Belmar ··· 61
Lección 22 ¡Atrapados! ··· 67
Lección 23 Un mundo sin caras ··· 71

Lección 24 Prometeo y Pandora 73
Lección 25 Primavera, melancolía 77
Lección 26 Una comida memorable 81
Lección 27 La gastronomía y los negocios 85
Lección 28 Los tres cuervos 89
Lección 29 Fray Perico 95
Lección 30 Comunicación no verbal 99
Lección 31 Pepita Jiménez 103
Lección 32 Sangre y arena 109
Lección 33 Comunicación informal 117
Lección 34 Cantarle las cuarenta al jefe 121
Lección 35 El principito 125

Lección 1

Prohibido fumar en la sala

El cine estaba lleno de **espectadores** que **disfrutaban** de la película mientras comían **palomitas de maíz**, bebían refrescos o **mascaban** chicle.

Los **acomodadores**, con la **linterna** en la mano, conducían a los espectadores a sus asientos y **vigilaban** para que nadie fumara, porque en algunos cines se considera que fumar es peligroso, ya que puede **dar lugar** a un **incendio**. Uno de los acomodadores se dirigió a un espectador y le dijo:

- En este cine está **prohibido** fumar; si quiere hacerlo, salga de la sala.
- Pero yo no estoy fumando -le respondió el espectador.
- Pero tiene la pipa en la boca -insistió el acomodador.
- Sí, pero también tengo unos zapatos en los pies y eso no significa que esté andando -fue la **réplica** del espectador.

1. Expresiones y léxico

espectador: persona que está viendo un espectáculo.
disfrutar: percibir o gozar los productos y utilidades de una cosa.
palomitas de maíz: granos de maíz tostados.
mascar: masticar, aplastar entre los dientes.
acomodador: persona que trabaja en un cine y que se encarga de llevar a los espectadores a sus asientos.
linterna: aparato eléctrico con pila y bombilla, que se lleva en la mano para proyectar luz.
vigilar: velar sobre una persona o cosa, o atender exacta y cuidadosamente a ella.
dar lugar: originar, producir, provocar.
incendio: fuego grande que destruye lo que no debería quemarse.
prohibir: impedir el uso o ejecución de una cosa.
réplica: respuesta, contestación.

2. Actividades de comprensión

1. ¿De qué estaba lleno el cine?
2. ¿Qué comían y tomaban los espectadores?
3. ¿Qué hacían los acomodadores?
4. ¿Porqué está prohibido fumar en algunos cines?
5. ¿Porqué el acomodador creyó que el espectador estaba fumando?
6. ¿Qué le replicó el espectador?

Lección 2

Malas Notas

En muchos colegios, los alumnos reciben **trimestralmente** una calificación de los exámenes realizados. Esta calificación se conoce como notas. Las notas se dan desde 0 hasta 10. El 9 y el 10 se consideran *sobresaliente;* el 7 y el 8, *notable;* el 5 y el 6, *aprobado* y menos de 5 se considera *suspenso.*

A Manolo le habían dado sus notas. Había recibido en casi todas las **asignaturas** un **suspenso.** La única que había aprobado era la **gimnasia**, porque Manolo era un buen deportista y le gustaba comer, saltar y jugar al fútbol.

Al salir del colegio era ya tarde, casi de noche, y los amigos de Manolo le vieron caminar a paso muy rápido por la plaza del Ayuntamiento, en dirección a su casa.

- ¡Eh, Manolo! -le gritaron-. Ven a jugar con nosotros.
- Hoy no puedo -contestó Manolo-. Tengo que llegar **cuanto antes** a mi casa. Mi madre me va a dar una **paliza**, porque las notas que me han dado en la escuela son malísimas.
- Entonces, no entiendo por qué tienes tanta prisa en volver a tu casa -le dijo uno de los amigos-. A lo mejor **estás mal de la cabeza.**
- Pues no estoy loco y sé muy bien lo que hago -respondió Manolo-. Quiero llegar a casa antes que mi padre, porque él pega mucho más fuerte que mi madre.

1. Expresiones y léxico

trimestralmente: cada tres meses.
asignaturas: cada una de las materias que se enseña en un instituto o forman un plan académico de estudios.
suspenso: calificación mala, que obliga al estudiante a repetir el exámen.
gimnasia: arte de desarrollar, fortalecer y dar flexibilidad al cuerpo por medio de ciertos ejercicios.
cuanto antes: lo más pronto posible.
paliza: conjunto de golpes.
estar mal de la cabeza: estar un poco loco.

2. Actividades de comprensión

1. ¿Qué reciben los alumnos trimestralmente?
2. ¿Cuáles son las calificaciones que pueden recibir?
3. ¿Qué notas había recibido Manolo?
4. ¿Cuál fue la única asignatura que había aprobado Manolo?
5. ¿Porqué había aprobado la gimnasia?
6. ¿A dónde se dirigía Manolo a toda velocidad?
7. ¿Porqué cree Manolo que su madre le va a dar una paliza?
8. ¿Porqué creen los amigos que Manolo no está bien de la cabeza?
9. ¿Porqué quería llegar a su casa antes que su padre?

Lección 3

La carta de recomendación

Tobías consiguió un trabajo en una importante **editorial** de Barcelona. Su trabajo consistía en meter libros en cajas, que eran posteriormente enviadas a distintos lugares de España y América.

Tobías no era un buen trabajador. Era **indisciplinado** y el trabajo **rutinario** le aburría. Por eso, no solamente llegaba tarde casi todos los días, sino que además perdía mucho tiempo hablando con los compañeros.

Un día decidió cambiar de trabajo y fue a pedir una **carta de recomendación** al director de la editorial. Éste **apreciaba** a Tobías porque era simpático y buena persona, pero no quería mentir. No podía negarse a escribir una carta de recomendación para un empleado, pero tampoco podía decir directamente la verdad. O, lo que es igual, decir que Tobías era **más bien** vago. El director era un hombre de **recursos** y, tras una cuidadosa reflexión, escribió la siguiente carta de recomendación:

*Tobías es un hombre simpático y **jovial**. Es muy **leal** a sus jefes y también es muy querido por sus compañeros. Será usted muy afortunado si consigue que esta persona trabaje para usted.*

1. Expresiones y léxico

editorial: empresa que publica y vende libros.
indisciplinado: desobediente, que no hace caso a lo que se le ordena.
rutinario: trabajo aburrido, que se realiza de igual modo día tras día.
carta de recomendación: carta que escribe un jefe para dar buena información acerca de un empleado; también se llama *referencias o informes.*
apreciar: sentir afecto o estima hacia una persona.
más bien: bastante.
recursos: ideas acertadas para solucionar un problema.
jovial: alegre y agradable.
leal: que guarda a personas o cosas la debida fidelidad.

2. Actividades de comprensión

1. ¿En qué ciudad consiguió Tobías un trabajo?
2. ¿En qué tipo de empresa?
3. ¿En qué consistía su trabajo?
4. ¿Porqué no era un buen trabajador?
5. ¿Cómo era él?
6. ¿Qué fue a pedir al director cuando decidió cambiar de trabajo?
7. ¿Porqué el director apreciaba a Tobías?
8. ¿Porqué el director no podía decir directamente la verdad acerca de Tobías?
9. ¿Qué tipo de hombre era el director?
10. ¿Qué escribió el director en la carta de recomendación?

Lección 4

¡Dos caracteres fuertes!

Rocío, de diecisiete años de edad, y Gerardo, de dieciocho, se conocieron en un **cóctel** de sociedad. Ella era hija de un banquero y él de un fabricante de muebles. Tres meses después los jovenes se casaron, a pesar de que sus padres les aconsejaban esperar más tiempo antes de tomar una decisión tan importante.

Rocío y Gerardo llevaban escasamente dos meses casados cuando tuvieron una fuerte disputa, la cual se originó porque Gerardo dijo que en casa de su madre las comidas eran mejores.

Dos semanas más tarde Rocío protestó de que Gerardo roncaba demasiado por las noches. Ahí empezó un intercambio de **acusaciones** mutuas que terminó con la clásica escena en que los **cónyuges** se tiran los platos a la cabeza. En este caso hubo hasta **lesiones**. Ella le hizo a él una **aparatosa** moradura en la cara, y él hizo a ella un corte en una muñeca. Los dos tenían mucho carácter...

Rocío hizo entonces las maletas y se presentó en casa de sus padres. Allí se encontró con que aquella misma mañana su madre había dejado a su padre después de una acalorada **trifulca**; se había marchado también a casa de sus padres.

1. Expresiones y léxico

cóctel: reunión o fiesta donde se toman estas bebidas, generalmente por la tarde.
acusación: acción de imputar a alguien algún delito, culpa, vicio.
cónyuge: marido y mujer respectivamente.
lesión: daño o detrimento corporal causado por una herida, golpe o enfermedad.
aparatoso: desmedido, exagerado.
trifulca: desorden y camorra entre varias personas.

2. Actividades de comprensión

1. ¿Cuántos años tenían Rocío y Gerardo cuando se conocieron?
2. ¿Qué eran los padres de los jóvenes?
3. ¿Cuál fue la razón de la primera disputa?
4. ¿Porqué protestó Rosa?
5. ¿Porqué Rocío hizo las maletas y se presentó en casa de sus padres?
6. ¿Porqué la madre de Rocío no se encontraba allí?

Lección 5

Los celos de Rosa

Desde hacía algún tiempo, Eduardo llegaba a veces tarde para cenar, y algunos sábados los pasaba fuera.

En varias ocasiones Rosa, su esposa, le había preguntado la razón de aquel cambio de costumbres, y él siempre respondía que era debido a un exceso de obligaciones profesionales.

Aquella respuesta no **convencía** del todo a Rosa, aunque la tranquilizaba de momento.

Eduardo, que llevaba unos días muy cariñosos con Rosa, regaló a ésta un valioso collar para su cumpleaños. Todo esto, sin embargo, hizo a la esposa sentirse muy intranquila. Una sabia amiga suya le había asegurado que cuando un hombre trata a su mujer con más **mimo** del acostumbrado, es que oculta algo.

Finalmente, Rosa se puso furiosa cuando una mañana encontró una foto de una atractiva muchacha en el asiento delantero del coche familiar.

- ¿Puedes decirme quién es este **bombón**? -preguntó aquélla fuera de sí a su marido en cuanto se volvieron a ver.

Eduardo respondió sin **vacilar**:

- ¡Eres tú misma, hace treinta años!

1. Expresiones y léxico

convencer: incitar o mover con razones a alguien a hacer algo o a mudar de comportamiento.
mimo: cariño, halago o demostración de cariño.
bombón: pieza pequeña de chocolate o azúcar, que en lo interior puede contener licor o crema.
vacilar: titubear, estar una persona indecisa.

2. Actividades de comprensión

1. ¿Cuál era la razón del cambio de costumbres, según Eduardo?
2. ¿Qué le regaló Eduardo a su esposa para su cumpleaños?
3. ¿Qué encontró Rosa una mañana en el asiento delantero del coche?
4. ¿Qué significa bombón en este caso?
5. ¿Quién era el bombón de la foto?

Lección 6

Encontronazo

Cuando dos españoles llegan juntos ante una puerta se produce normalmente un problema. ¿Quién ha de pasar primero?

Hay un caso que no ofrece ninguna duda: las mujeres pasan siempre delante de los hombres. Segundo, entre personas de la misma **categoría** social, tienen **preferencia** las de mayor edad. Un médico de mediana edad tiene preferencia de paso sobre un médico joven, pongamos por caso; si bien en la práctica la situación se complica cuando ese médico maduro cede graciosamente su derecho.

- Pase usted.
- Usted, por favor.
- Usted primero.
- ¡De ninguna manera!
- ¡Por favor!
- ¡Que no!
- ¡Vamos, amigo!

La amable disputa, que puede prolongarse mucho más, termina con la **rendición** de uno de los dos contendientes. Otras veces, sin embargo, se rinden ambos al mismo tiempo, lo que origina un «encontronazo» bastante cómico y que puede ser doloroso.

1. Expresiones y léxico

categoría: cada una de las jerarquías establecidas en una profesión o carrera.
preferencia: primacía, ventaja.
rendir: vencer, sujetar, obligar a que se entreguen.

2. Actividades de comprensión

1. ¿Cuándo produce normalmente un problema?
2. ¿Cuándo no surge ningún problema?
3. ¿Qué ocurre entre las personas de la misma categoría social?
4. ¿Cuándo la situación se complica?
5. ¿Cuándo ocurre el «encontronazo»?

Lección 7

Una noche en el tren

En una época, Tobías trabajó como revisor de tren. Su trabajo consistía en revisar y marcar los billetes de los viajeros.

En cierta ocasión, un viajero tomó un tren nocturno que iba de Sevilla a Madrid. Este señor debía apearse necesariamente en Andújar, ya que tenía que ir a visitar urgentemente a su tío enfermo. Como el tren salía a las 11 de la noche y el viajero estaba muy cansado, le dijo a Tobías:

- Tome usted cinco mil pesetas y haga el favor de despertarme un poco antes de llegar a Andújar. Le advierto que tengo un sueño muy **pesado,** así que haga todo lo necesario para que me despierte y me pueda bajar del tren en la estación de Andújar. No se olvide, por favor. Es **imprescindible** que esté en Andújar mañana por la mañana para resolver unos asuntos de **herencia.**

El señor se durmió tranquilamente y cuando despertó por la mañana, se dió cuenta con horror de que ya estaba en Madrid. **Enfurecido**, fue a hablar con Tobías y comenzó a gritarle:

- ¡Imbécil, estúpido!, ¿por qué no me ha despertado? Ahora, por su culpa, llegaré a Andújar con un día de atraso. ¡Es usted un **incompetente** y un inútil! Deberían echarle del trabajo.

Diciendo insultos **similares**, el viajero se bajó del tren y se fue corriendo a comprar otro billete de vuelta.

Cuando el señor se hubo marchado, un revisor amigo de Tobías que lo había oído todo, le dijo:

- Hay que ver, qué mal carácter tiene la gente y qué **groseros** son algunos.

A lo que contestó Tobías:

- Lo que has visto no es nada en comparación con el mal carácter que tenía el viajero al que hice bajarse a la fuerza en Andújar a las dos de la mañana.

1. Expresiones y léxico

pesado: referido al sueño, profundo, dificil de despertar.
imprescindible: muy necesario, que no puede omitirse.
herencia: conjunto de dinero y bienes que un difunto deja a sus herederos.
enfurecido: muy enfadado, furioso.
incompetente: que hace muy mal su trabajo.
similar: que tiene semejanza, parecido.
grosero: falto de corrección, con malos modales

2. Actividades de comprensión

1. ¿En qué consistía el trabajo de Tobías?
2. ¿A dónde viajaba el señor?
3. ¿Porqué el señor tenía que apearse en Andújar?
4. ¿Para qué le dió a Tobías cinco mil pesetas?
5. ¿Porqué se enfadó el señor cuando supo que estaba en Madrid?
6. ¿Porqué Tobías no se enfadó a los insultos del viajero?
7. ¿Qué le dijo el amigo revisor a Tobías?
8. ¿Qué le replicó Tobías?

Lección 8

La tarde de toros

La fiesta es una de las más antiguas y conocidas tradiciones españolas. Rara es la ciudad de España en la que no hay una plaza de toros. Los toreros demuestran su arte arriesgando la vida ante un público crítico y exigente.

El espectáculo se llama corrida, se celebra por la tarde y se suelen lidiar seis toros. Sus protagonistas son el toro y el **matador**, al que acompaña una **cuadrilla** de toreros, **picadores** y **banderilleros.** El cartel de la corrida lo forman tres matadores.

El matador viste el **traje de luces** y un típico sombrero de color negro llamado **montera.**

El torero comienza su trabajo, la **faena**, atrayendo al toro con una gran capa y diferentes **pases** artísticos. La faena se divide en tres partes o tercios. En el primer tercio, además de los pases con capa, se le quita bravura al toro con la pica o lanza. Después, el presidente saca un pañuelo blanco para indicar el cambio de tercio y los timbaleros y clarineros tocan unas breves notas de música. En el segundo tercio se le ponen al toro las típicas banderillas. El tercer tercio es el más importante. El matador tendrá que lucirse con la **muleta** y el **estoque**, en medio de los apasionados gritos de los asistentes. La forma de utilizar la espada influirá para el éxito final.

Cuando la faena termina, el torero se retira. Los aficionados mostrarán su aprobación o disgusto con ovaciones, pitos o silencio. Si hay aplausos, el matador tendrá que salir a saludar y, a veces, dar la vuelta al ruedo. Si el público agita pañuelos blancos, es señal de que pide trofeos para el torero:

una oreja, las dos orejas o las dos orejas y el rabo del toro. El alguacil de la plaza, vestido de negro, entrega los trofeos al matador, quien los muestra al público en señal de agradecimiento. Los **mulilleros** se llevan al toro, al que también se despide con pitos, aplausos o dando la vuelta al ruedo. Los mozos limpian la arena. El toril se abre de nuevo. Sale otro toro, la fiesta continúa.

1. Expresiones y léxico

matador: diestro, torero que mata toros, jefe de la cuadrilla.
cuadrilla: grupo de dos picadores y tres banderilleros que ayudan a cada matador. Todos son toreros.
picador: uno de los toreros de la cuadrilla del matador. Siempre va a caballo y pica al toro con una pica, largo palo de madera con punta de metal, para ver si es bravo y para quitarle fuerza.
banderillero: la persona encargada de poner las banderillas, palos de madera cubiertos con papeles de colores y con punta de metal. Se clavan en el cuello del toro para excitarlo.
traje de luces: el traje de seda, bordado de oro o plata que se ponen los toreros para torear.
montera: prenda del traje de torero para cubrir la cabeza.
faena: cada una de las aciciones que realiza el torero durante la corrida, sobre todo los pases de muleta, antes de la estocada final.
pase: momento en que el torero hace pasar el toro por debajo de la muleta sin clavarle la espada.
muleta: tela roja, más pequeña que la capa, que el torero coge por un palo de madera que tiene en la parte superior.
estoque: espada utilizada por el matador.
mulillero: el que lleva la mulilla, tiro de mulas que arrastra los toros muertos en las corridas.

2. Actividades de comprensión

1. ¿Por cuántos toreros está formada la cuadrilla?
2. ¿Qué hacen los picadores/ los banderilleros/ y el matador?
3. ¿Por cuántas partes está dividida la faena?
4. ¿Qué utiliza el matador para matar el toro?
5. ¿Qué podrían ser los trofeos para el matador?

Refranes, frases y dichos populares

- El infierno está lleno de buenas intenciones y el cielo de buenas obras.
- Quien a buen árbol se arrima, buena sombra le cobija.
- A buen hambre no hay pan duro.

Lección 9

Las grandes fiestas de España

Las Fallas de Valencia

Las Fallas es una fiesta que se celebra en Valencia (España) y otras localidades del 15 al 19 de marzo (la llamada semana fallera). Mucha gente conoce de esta fiesta los impresionantes monumentos que se sacan a la calle y que después se queman, pero es mucho más.

En Valencia y otras localidades, durante el año unos artesanos llamados artistas falleros construyen increíbles monumentos de cartón-piedra, corcho, madera y otros materiales, con un innegable valor artístico y normalmente dando una visión satírica de la actualidad. Estos monumentos llamados "fallas" se ponen en las calles el 15 de marzo (el día de la *plantà*), y el 19 de marzo por la noche se queman (la *cremà*).

Además de las fallas, desde el 1 de marzo y hasta el 19 del mismo mes, en Valencia se disparan castillos de fuegos artificiales, y sobre todo una variedad pirotécnica muy valenciana: la *mascletà*. Este espectáculo consiste en un disparo continuado y rítmico de petardos con la intención de hacer mucho ruido. Cuanto más ruido haga, mejor, y por eso los castillos también suelen ser ruidosos.

Los falleros van acompañados en la mayoría de los actos, de bandas de música. Eso supone más de 370 bandas que recorren la ciudad desde las 8 de la mañana, hora de la *despertà*, que como su propio nombre indica, se realiza para que los vecinos se despierten para disfrutar de la fiesta desde tan temprano (aunque en la práctica pocos se levantan). Durante la semana fallera, es normal ver por las calles músicos tocando **pasodobles** o canciones divertidas para que los falleros bailen.

La *cremà,* como casi todo el mundo sabe (al menos en Valencia), es el acto en el cual un monumento fallero se prende fuego y se convierte en una triste ceniza negra. Es un gran momento en la fiesta de las Fallas, pero también muy triste, ya que marca el final de la fiesta.

Para hacerlo, los falleros retiran del monumento las **vallas** que tenía alrededor desde la *plantà* y después lo rodean de una traca incendiaria con alguna carcasa que dispare al cielo luces de colores. Para que prenda bien, le hacen agujeros y la rocían de gasolina. Antes de quemar la falla, es muy normal que se dispare un castillo de fuegos artificiales que le da más color al acto. Al acabar éste, suele ser la fallera mayor quien enciende la mecha de la **traca** desde lejos, y ésta prende a la falla. Cuando el fuego ha consumido gran parte del monumento, el público espera ver caer el **remate**, y cuando lo hace, aplauden de la emoción.

Con esta cremación los valencianos despiden el invierno y reciben la primavera con un nuevo ambiente.

La Feria de Sevilla o La Feria de Abril

Desde sus comienzos ha sido la fiesta de la primavera sevillana. Durante una semana sirve de centro de reunión de todos los sevillanos y visitantes, y cada año descubre lo mejor de esta ciudad y sus gentes, nos alegra y nos anima a compartir esa alegría dejando para "la semana que viene" la rutina del resto del año.

Miles de farolillos y bombillas iluminan la feria y su portada, desde su inicio con el *lunes del* ***alumbrado,*** hasta su culminación el domingo con los fuegos artificiales. Más de 1000 casetas y un parque de atracciones hacen realidad el delirio y disfrute de los más pequeños y mayores, sin olvidar el majestuoso paseo de caballos y **enganches**, todo rodeado de armonía y alegría entre bailes, cantes y manzanilla.

Durante esta semana familias completas viven la feria. Se reúnen en las casetas a partir de media mañana hasta bien entrada la madrugada. Disfrutan entre cante y baile de un buen **tapeo** acompañado de una copita de manzanilla o **rebujito**, tomando al final del día churros con chocolate, para después abandonar el recinto ferial en busca de un lugar de descanso donde recuperar ganas y fuerzas para volver al recinto ferial al día siguiente.

Durante el día, entre las 12:00 y las 20:00 horas, se realiza por las calles del recinto el paseo de caballos y enganches, donde sus jinetes y acompañantes van ataviados con el traje típico flamenco. Durante los días de celebración de la Feria queda totalmente prohibido el tráfico rodado y aparcamiento de vehículos de tracción mecánica, motos y bicicletas en el interior del recinto ferial, salvo los servicios autorizados (seguridad, limpieza, avituallamiento…).

En el transcurso de la semana de feria, ésta va acompañada del tradicional festejo taurino. Diariamente se celebra en el **coso** sevillano la corrida de toros anunciada. Numeroso público acude todas las tardes a presenciar el duelo entre el toro y el torero.

Los San Fermines de Pamplona

Las fiestas de San Fermín o sanfermines son una fiesta en honor a San Fermín (el primer obispo de Pamplona) que se celebra anualmente en esta capital de la Comunidad de Navarra, al norte de España.

Los sanfermines tienen un origen que se remonta varios siglos, aunque su fama mundial es un fenómeno reciente, con la difusión que les dio el escritor estadounidense Ernest Hemingway mediante su libro *Fiesta*(1926). Su fisonomía actual, **cosmopolita** y **multitudinaria**, es el resultado de una lenta evolución histórica cuyos orígenes se remontan a la Edad Media.

Los festejos comienzan con el lanzamiento del chupinazo (cohete) desde el balcón del Ayuntamiento de Pamplona a las 12 del mediodía del 6 de julio y terminan a las 24 horas del 14 de julio con el "Pobre de mí", una canción de despedida.

Una de las actividades más famosas de los sanfermines es el **encierro**, que consiste en una carrera de unos 800 metros delante de los toros y que culmina en la plaza de toros. Los encierros tienen lugar todos los días entre el 7 y el 14 de julio y comienzan a las ocho de la mañana, con una duración promedio de entre dos y tres minutos. La salida de toros se advierte mediante cohetes: el primero con la apertura de las puertas del corral de toros; el segundo indica que han salido ya todos los toros; el tercero, que todos los toros están en el ruedo de la Plaza de Toros (esto es, que ha finalizado el encierro) y el cuarto, que todos los toros están ya encerrados en los corrales de la Plaza.

Para ser un sanfermín es suficiente sólo con llevar un pañuelo rojo anudado al cuello y una camiseta blanca. Para participar en el encierro, no hay que apuntarse en ningún sitio, es cuestión de meterse por los lugares señalados, respetar las normas y elegir el tramo en el que se quiere correr e intentar hacerlo lo mejor posible.

Por definición, sanfermin es sinónimo de fiesta en la calle. La juerga consiste, como en todas partes, en alcohol, música y la gracia que le ponga uno. No tiene otro secreto. Quizás lo más sorprendente es lo pacífica que es: a pesar de la descomunal borrachera colectiva, no hay muchas **broncas**, aunque sí bastantes accidentes. La única regla de oro es vivir y dejar vivir; pasártelo lo mejor que puedas y dejar a los demás que hagan lo mismo. No hay más que dejarse llevar por el ambientillo sanferminero.

La tomatina de Buñol

La Tomatina es la fiesta más popular que se celebra en Buñol, Valencia, y se repite cada año el último miércoles de agosto.

La fiesta comienza a las once de la mañana, cuando varios camiones cargados con esta peculiar **munición** vacían su mercancía en la plaza de Buñol, y ¡es la guerra! Inmediatamente se produce una lluvia de tomates de la que es imposible librarse.

Los orígenes de la Tomatina se remontan a 1945, cuando un grupo de jóvenes asistió a una marcha de gigantes y cabezudos en el pueblo de Buñol.

Sus ganas de pasarlo bien hicieron que uno de los participantes cayera al suelo, lo que provocó su enfado e hizo que empezara a tirar a los jóvenes todo lo que encontraba a su paso. Se dio la casualidad de que había un puesto de verduras al lado, por lo que éstas sirvieron de munición. Las dimensiones del altercado fueron tales que al año siguiente los vecinos repitieron la hazaña armados con tomates, pero esta vez con un marcado carácter **lúdico**. Así nació la fiesta de la Tomatina, que curiosamente no fue legalizada hasta 1957. A partir de 1980 el Ayutamiento de Buñol suministra los tomates a los participantes y desde agosto del año 2002 el evento ha sido declarado como Fiesta Turístico Internacional por la Secretaría General de Turismo.

Si acudes a la Tomatina, sin duda alguna saldrás empapado en tomate, lo que, por cierto, es muy bueno para la piel, aunque no tanto para la ropa. Toma conciencia de que probablemente nunca vuelvas a ponerte lo que lleves puesto durante la tomatina. Elige ropa vieja y, a ser posible, unos pantalones cortos, te ayudarán a combatir el calor.

Con tanta gente librando una auténtica batalla campal a base de tomatazos, lo mejor es que elijas un calzado viejo que se pueda atar bien a tus pies. Es más que probable que te lleves algún que otro **pisotón**, por lo que resulta aconsejable que elijas unos zapatos o unas zapatillas que te protejan bien los pies. En ningún caso deberás llevar puestas unas chanclas o sandalias. Puesto que tendrás los pies empapados en tomate lo más seguro es que se te escurran y las pierdas, y no te conviene nada estar rodeado de miles de personas tirándose tomates a lo loco estando descalzo.

Aún a pesar de ser muy beneficioso para tu piel, el tomate contiene unos ácidos que resultan muy irritantes para la vista. Por ello, lo mejor es que te cubras los ojos para participar en la Tomatina. Puedes usar unas gafas de sol, pero asegúrate de amarrártelas bien, corres el riesgo de perderlas con tanta gente pegando empujones y lanzando tomatazos a diestro y siniestro. Una opción muy extendida entre los participantes de esta fiesta es la de llevar gafas de bucear puestas. No es de extrañar: protegen completamente la zona de los ojos y se agarran a la cabeza a la perfección.

Los tomates que distribuye el Ayuntamiento de Buñol entre los participantes de la Tomatina tienden a estar maduros, pero aún así, asegúrate de que están blandos antes de lanzarlos. Una buena opción en caso de que veas que los tomates que tienes están un poco verdes todavía, es aplastarlos antes de tirarlos. Recuerda: se trata de pasarlo bien, no de lanzar los tomates con mala idea para hacer daño a otros participantes.

Con tanta gente concentrada en un mismo lugar, es importante no perder de vista ciertas normas y recomendaciones. Antes de nada, recuerda que la fiesta de la Tomatina está para pasárselo bien, no permitas que tu diversión repercuta en la de los demás. No entres en la fiesta con objetos duros o botellas de cristal, sólo conseguirás que alguien se lastime. Por otra parte, no te subas a farolas, balcones ni ventanas, serás el blanco de miles de 'tomatines' y puedes caer al suelo y hacerte daño. Es importante que no consumas bebidas alcohólicas ni antes ni durante la fiesta, deja las copas y las cañas para después de la Tomatina. Mantén una distancia prudente de los camiones, deja de lanzar tomates en cuanto oigas la señal y sigue en todo momento las indicaciones marcadas por la organización de la fiesta y por la policía.

1. Expresiones y léxico

pasodobles: baile que se ejecuta al compás de una música.
vallas: línea o término formado de estacas hincadas en el suelo o de tablas unidas, para cerrar algún sitio o señalarlo.
traca: artificio de pólvora que se hace con una serie de petardos colocados a lo largo de una cuerda y que estallan sucesivamente.
remate: fin o cabo, extremidad o conclusión de una cosa.
alumbrado: conjunto de luces que alumbran algún pueblo o sitio.
caseta: recintos acotados por paredes de tela y techados
enganches: pieza o aparato dispuesto para enganchar.
tapeo: ir de tapas.

rebujito: una bebida típica de Andalucía resultante de la mezcla de vino, manzanilla con un refresco de gasecsa, y mucho hielo.
cosmopolita: dícese de lo que es común a todos los países.
multitudinaria: que forma multitud.
encierro: acto de llevar los toros a encerrar en el toril.
broncas: riña o disputa ruidosa.
munición: carga que se pone en las armas de fuego.
lúdico: perteneciente o relativo al juego.
pisotón: pisada fuerte sobre el pie de otro o sobre otra cosa.

2. Actividades de comprensión

1. ¿Qué son las fallas y de qué se hacen?
2. ¿Cuál es el momento culminante de Las Fallas?
3. ¿Qué hacen los sevillanos para vivir la Feria?
4. ¿Qué comidas y bebidas se toman generalmente durante la Feria?
5. ¿Qué es el encierro?
6. ¿Qué se necesita para ser un sanfermín?
7. ¿Cuándo y en dónde se celebra la Tomatina?
8. ¿Cuáles son las normas generales de la Tomatina?

Refranes, frases y dichos populares

- Perro ladrador, poco mordedor.
- No por mucho madrugar amanece más temprano.
- Las paredes oyen.

Lección 10

Los amigos toman un café

En cierta ocasión, Tobías viajó con dos amigos suyos a la capital para ver un partido de fútbol. Como llegaron cuatro horas antes de que comenzara el partido, decidieron ir a tomar algo a una cafetería.

Entraron en una muy moderna y elegante, situada en el centro de la ciudad, y que estaba llena de gente. Se sentaron en una mesa, el camarero se acercó y les preguntó qué iban a tomar.

Tobías y sus amigos se quedaron muy pensativos. De pronto, Tobías vió cómo un camarero llevaba una gran copa con nata a una mesa del café. Entonces dijo:

- Pónganos tres copas como aquéllas.
- **¡Marchando** tres **cafés irlandeses!** -gritó el camarero.

Los tres amigos no sabían exactamente lo que habían pedido, porque nunca lo habían probado anteriormente. Cuando el camarero les trajó los tres cafés irlandeses, Natalio, uno de los amigos de Tobías, probó un poco de nata, que naturalmente estaba fría, y enseguida bebió un largo trago del café **hirviendo** que había debajo de la nata. Natalio intentó disimular su dolor, pero no pudo evitar que se le llenaran los ojos de lágrimas. Al verlo, Tobías le preguntó:

- Natalio, ¿que te pasa?
- Nada -contestó el otro-, que me estaba acordando de mi padre, **que en gloria esté.**

Al poco rato, Liborio, el otro amigo de Tobías, se bebió rápidamente el café y también se le saltaron las lágrimas. Tobías le preguntó, un poco extrañado:

- Y a tí, ¿qué te pasa ahora?
- Nada -respondió Liborio-, que yo también me estaba acordando del padre de éste.

1. Expresiones y léxico

marchar: caminar, funcionar o desenvolverse una cosa.
café irlandés: 1/2 taza de whisky, 1/2 taza de café negro, 1 cucharadita de crema batida, azúcar al gusto.
hervir: someter algo en ebullición.
estar en gloria: estar muy contento y gozoso.

2. Actividades de comprensión

1. ¿Para qué fueron Tobías y sus amigos a la capital?
2. ¿Porqué decidieron tomar algo en la cafetería?
3. ¿Porqué ellos no sabían exactamente lo que habían pedido?
4. ¿Cómo estaba la nata del café?
5. ¿Cómo estaba el café debajo de la nata?
6. ¿Porqué a Natalio se le llenaron los ojos de lágrimas?

Lección 11

El mendigo y el peluquero

En la peluquería de Jacinto, situada en la Plaza Mayor de Villarriba, entró una mañana un hombre con el pelo muy largo, vestido con un traje viejo y **raído.**

El peluquero pensó que probablemente aquel hombre no podría pagarle. A pesar de ello, le atendió con amabilidad, le cortó el pelo y le afeitó. Al terminar, el cliente puso unas cuantas monedas encima de la mesa, vació los bolsillos hacia fuera para demostrar que no tenía nada más en ellos y dijo:

- Es todo lo que tengo. Si lo hubiera sabido antes, hubiera preferido quedarme con el pelo largo.

Jacinto era un hombre bueno y decidió dejar que el mendigo se fuera, sin coger siquiera las pocas monedas que había puesto encima de la mesa. Le despidió diciéndole:

- Váyase en paz, buen hombre. Puesto que no tiene dinero, le regalo el corte de pelo y el afeitado.

En ese momento entró en la peluquería un conocido de Jacinto, que vivía en un pueblo cercano y que saludó cortésmente al mendigo:

- Muy buenos días, don Joaquín.
- ¿Le conoces? -preguntó el peluquero.
- ¿Cómo no voy a conocer al hombre más rico de mi pueblo?

El peluquero se sintió engañado e insistió en que el falso mendigo tenía que pagarle por su trabajo. Éste, a su vez, **argumentaba** que Jacinto le había regalado el corte.

Finalmente, fueron a buscar a Tobías, que era alcalde y **juez de paz**, para que decidiera lo que se debía hacer. Tobías escuchó a las dos partes y luego tomó la siguiente decisión **salomónica**:

- Usted -dijo dirigiéndose a don Joaquín- no tiene que pagar: el peluquero le regaló el corte de pelo y el afeitado. Pero tú -dijo a Jacinto - no tienes por qué cortarle el pelo gratis a un millonario. Por lo que mi sentencia es que las cosas vuelvan a su estado inicial y que el millonario no se mueva de aquí hasta que vuelvan a crecerle el pelo y la barba.

1. Expresiones y léxico

raído: se dice del vestido o de cualquier tela muy gastados por el uso, aunque no rotos.
argumentar: sacar en claro.
juez de paz: el que oía a las partes antes de consentir que litigasen, procurando reconciliarlas.
salomónica: perteneciente o relativo a Salomón

2. Actividades de comprensión

1. ¿Quién entró en la peluquería de Jacinto?
2. ¿Cómo le trató Jacinto al mendigo?
3. ¿Qué hizo Jacinto creyendo que ese hombre no tenía dinero?
4. ¿Quién era el mendigo en verdad?
5. ¿Quién era Tobías?
6. ¿Cuál fue la sentencia de Tobías?

Lección 12

Una receta de cocina

Ramón era un famoso cocinero, dueño de un restaurante muy elegante, al que acudían las personas más ricas y conocidas de la ciudad. La **especialidad** de su restaurante era una sopa de **col** que a todo el mundo le parecía extraordinaria.

Un día Ramón fue entrevistado en la televisión. Una periodista de una revista **gastronómica** le preguntó sobre su famosa sopa de col y le dijo, delante de todos los espectadores, que si tendría **inconveniente** en revelar el secreto de su sopa. Ramón dijo que no tenía ningún inconveniente y que le enviaría la receta para que fuera publicada en el próximo número de la revista.

Al día siguiente Ramón se puso a dictarle a su ayudante la receta de la sopa de col: ... se deja hervir durante veinte minutos y luego se añaden las especias.

- Pero, maestro- dijo el ayudante, sorprendido-, usted no hace así la sopa.
- **Tú te callas.** Escribe exactamente lo que te digo. Para conseguir la receta de esta sopa tuve que irme a trabajar a París con el famoso *chef* Pierre Bellechou. Allí estuve durante dos años, obedeciéndole en todo y haciendo lo que me mandaba sin cobrar nada.

Después del trabajo, siempre que a él le apetecía beber una cerveza, yo tenía que acompañarle. Los fines de semana, a menudo tenía que ir a su casa de campo para entretener a su familia y amigos. Naturalmente, el día de cumpleaños de su mujer yo tenía que llevarle **bombones** y flores. Y el día de Navidad tenía que llevar regalos para toda la familia.

Gracias a eso conseguí la receta, y no pensarás que soy tan estúpido como para dársela, **sin más**, a la revista gastronómica.

1. Expresiones y léxico

especialidad: plato más importante y original de un restaurante.
col: tipo de verdura.
gastronómico: que trata de la preparación y degustación de la comida.
inconveniente: obstáculo que existe para hacer una cosa.
tú te callas: expresión enérgica equivalente a *no digas nada, cállate.*
bombón: dulces de chocolate.
sin más: a cambio de nada.

2. Actividades de comprensión

1. ¿Quién era Ramón?
2. ¿Cuál era la especialidad de su restaurante?
3. ¿Quiénes acudían a su restaurante?
4. ¿Dónde fue entrevistado Ramón?
5. ¿Qué le preguntó la periodista de la revista gastronómica?
6. ¿Qué respondió Ramón a la periodista?
7. ¿A dónde tuvo que irse Ramón para conseguir la receta?
8. ¿Qué hizo allí?
9. ¿Qué tenía que hacer Ramón en algunos fines de semana?
10. ¿Qué tenía que hacer en los cumpleaños de la mujer del chef?
11. ¿Qué tenía que hacer en Navidad?

Lección 13

Una mosca en el café

Tobías y su amigo Bonifacio entraron en una elegante cafetería de la ciudad. Ambos pidieron al camarero un café, y cuando se los sirvieron, Tobías vió que en el suyo había una mosca.

Llamó de inmediato al camarero y le **exigió** que le trajera otro café. El camarero se lo trajo, aunque no de muy **buena gana**.

Tobías, apenas lo probó, gritó, irritado, dirigiéndose al camarero:

- ¡Camarero, ésta es la misma taza de café que me trajo usted antes! ¡Discúlpese, o llamo al dueño y hago que le despidan! Además, ahora exijo ser invitado por la casa.

El camarero, humillado, pidió disculpas. Y dijo que, naturalmente, la casa invitaba.

Cuando volvió a la cocina, dijo al dueño:

- ¿Cómo habrá podido enterarse ese viejo **cascarrabias** de que el café era el mismo, si no ha podido verme?

Bonifacio, el amigo de Tobías, también estaba **intrigado**. Así que, cuando salieron del café, le preguntó a Tobías:

- ¿Cómo has podido darte cuenta de que era el mismo café?
- Es mucho más fácil de lo que parece. No había que ser Serlock Holmes para adivinarlo. Antes de encontrar la mosca en el café, le había echado ya el azúcar y el segundo café que me trajo el camarero estaba dulce.

1. Expresiones y léxico

exigir: pedir imperiosamente algo a lo que se tiene derecho.
buena gana: con gusto o voluntad.
cascarrabias: persona que fácilmente se enoja, riñe o demuestra enfado.
intrigar: inspirar viva curiosidad una cosa.

2. Actividades de comprensión

1. ¿Qué había en el café de Tobías?
2. ¿Qué le exigió al camarero?
3. ¿Qué le exigió al camarero la segunda vez?
4. ¿Cómo supo Tobías que el café era el mismo?

Lección 14

Ni mujeres, ni perros

En la **redacción** de un **prestigioso** periódico de la ciudad, un periodista conocido por su carácter **sarcástico** e irónico y por sus tendencias **machistas**, le dijo a la directora de redacción, una mujer de ingenio rápido, conocida por sus ideas **feministas**:

- ¿Has visto la noticia que sale hoy en primera página?
- No, no he tenido ocasión de verla todavía. ¿Cuál es esa noticia? -preguntó ella con curiosidad.
- La noticia dice: En un club muy **exquisito** de la ciudad, en el que no se aceptan mujeres ni perros, se ha declarado un incendio que ha ocasionado multitud de heridos, muchos de ellos, graves. ¡Para que luego las feministas estéis todo el día diciendo que las mujeres no tenéis **privilegios!** A veces tenéis algunas ventajas. ¡Fíjate, la suerte que has tenido! -exclamó, con ironía, el periodista.

La directora, al oír esto, **se indignó** enormemente. Pero, en vez de perder la calma y gritarle algún insulto, dijo al periodista, con voz muy tranquila:

- Creo que no lo has leído bien: vuelve a leer el titular con atención y te darás cuenta de que hemos tenido suerte los dos.

1. Expresiones y léxico

redacción: lugar o oficina donde se redacta.
prestigio: realce, estimación, renombre, buen crédito.
sarcasmo: burla sangrienta, ironía cruel con que se ofende o maltrata a personas o cosas.
machismo: actitud de prepotencia de los varones respecto de las mujeres.
feminismo: doctrina social favorable a la mujer, a quien concede capacidad y derechos reservados antes a los hombres.
exquisito: de singular y extraordinaria calidad, primor o gusto en su especie.
privilegios: excensión de una obligación o ventaja exclusiva o especial que goza alguien por concesión de un superior o por determinada circunstancia propia.
indignarse: irritar, enfadar.

2. Actividades de comprensión

1. ¿Cómo era el periodista?
2. ¿Cómo era la directora?
3. ¿Qué ocurrió en un club de la ciudad?
4. ¿Qué no se aceptan en ese club?
5. ¿Porqué crees que la directora dice que han tenido suerte los dos?

Lección 15

El mote

Es frecuente que en los pueblos se pongan motes a las personas. Un mote es el nombre que se da a una persona por sus características o por alguna circunstancia de su vida. Así, por el color del pelo, se le puede llamar a alguien *el rubio* o *el moreno*. Por un defecto físico pueden llamarle *el cojo* o *el bizco*. Por su aspecto se le puede llamar *el flaco* o *el gordo*. Por la profesión, *el zapatero, el herrero, el cartero* o *el ferroviario*.

Los motes se **transmiten** de padres a hijos. Muchos apellidos actuales son antiguos motes que tenían los antepasados.

El nieto de Tobías estaba un día hablando con él y le preguntó:

- Abuelo, a tí ¿por qué te llaman Tobías, *el tripagorda*?

Tobías se puso de muy mal humor y dijo a su nieto:

- Mira: yo he hecho muchas cosas en la vida, a pesar de que no tuve la suerte de tener estudios. ¿Ves esa fuente en el centro de la plaza? La hice yo cuando era joven, y ¿acaso me llaman Tobias *el constructor*? ¡Nada de eso!
- ¿Ves la casa en la que vivimos? Yo la construí con mis propias manos cuando me casé. ¿Acaso me llaman Tobías *el arquitecto*? ¡Que va! ¿Quién te crees que hizo el puente sobre el río? ¡Yo! Y, ¿de qué me ha valido?, ¿acaso me llaman Tobías *el ingeniero*? No. Pero me llaman Tobías *el tripagorda* porque hace treinta años, mientras trabajaba en la carretera, durante un descanso, alguien me vio comiéndome tres platos de **fabada**.

1. Expresiones y léxico

ferroviario: empleado de ferrocarriles.
transmitir: trasladar, transferir.
fabada: potaje de judías con tocino, chorizo y morcilla, típico de Asturias.

2. Actividades de comprensión

1. ¿Qué es el mote?
2. ¿Qué origen tienen muchos apellidos actuales?
3. ¿Qué ha hecho el abuelo en la vida?
4. ¿Porqué le llaman *el tripagorda* al abuelo?
5. ¿Qué es la fabada?

Lección 16

Lazarillo de Tormes

El protagonista Lazarillo de la obra *Lazarillo de Tormes* nace en un molino junto al río Tormes, de un molinero ladrón y una mujer de vida irregular. A los ocho años es entregado por su madre, que había quedado viuda, a un astuto pordiosero ciego que le utiliza como guía. De esta suerte el muchacho se haya súbitamente enfrentado a los problemas de la vida, ya que su amo es un egoísta que apenas le da la comida precisa para no perecer de hambre, y, en cambio, le explica lecciones y ejemplos de astucia y malicia que el sagaz Lazarillo no tardará en aprovechar ampliamente en perjuicio de su mismo maestro.

Empezamos nuestro camino y en muy pocos días me enseñó **jerigonza** y como viese que yo tenía buen ingenio estaba muy contento y me decía: «Yo no te puedo dar oro ni plata, pero te mostraré muchos consejos para vivir». Y fue así, que después de Dios, éste me dio la vida y, siendo ciego, me alumbró y guió en la carretera de vivir.

Mi amo en su oficio **era un águila**; sabía de memoria más de cien oraciones, tenía un tono bajo y tranquilo que hacía resonar la iglesia donde rezaba y cuando rezaba ponía un rostro **devoto.**

Además de esto tenía otras mil formas de sacarle el dinero a la gente. Sabía oraciones para todo, a las mujeres que iban a parir les decía si iba a ser hijo o hija y decía que **Galeno** no supo la mitad de lo que él sabía para curar toda clase de enfermedades.

A todo el que le decía que sufría de algún mal, le decía mi amo: «Haced esto, haréis lo otro». Con todo esto la gente andaba siempre detrás de él, especialmente las mujeres que creían todo cuanto les decía. De las mujeres sacaba mucho dinero y ganaba más en un mes que cien ciegos en un año.

Pero también quiero que sepa vuestra merced que con todo lo que tenía jamás vi un hombre tan avariento, tanto que me mataba de hambre y no me daba ni siquiera lo necesario. Digo verdad: si yo no hubiera sabido valerme por mi mismo, muchas veces hubiera muerto de hambre; pero con todo su saber, las más de las veces yo llevaba lo mejor. Para esto le hacía burlas, de las cuales contaré algunas.

El ciego llevaba el pan y todas las otras cosas que le daban en un **fardel** de tela que por la boca se cerraba con una **argolla** con su **candado** y llave. Metía las cosas y las sacaba con tanto cuidado que no era posible quitarle una **migaja**. Pero yo tomaba lo poco que me daba y lo comía en dos bocados. Después que cerraba el fardel con el candado se quedaba tranquilo pensando que yo estaba haciendo otras cosas, pero yo por un lado del fardel que muchas veces descosía y volvía a coser le sacaba el pan y la longaniza.

Solía poner junto a sí un jarrillo de vino cuando comíamos. Yo lo cogía y bebía de él sin hacer ruido y lo volvía a poner en su lugar. Pero esto me duró poco, porque al ir a beber el ciego conocía la falta del vino y así por guardar el vino, nunca soltaba el jarro y lo tenía siempre cogido por el asa. Pero yo con una paja, que para ello tenía hecha, metiéndola por la boca del jarro, dejaba al viejo sin nada. Pero pienso que me sintió y desde entonces ponía el jarro entre las piernas y le tapaba con la mano y de esta menera bebía seguro.

Yo, como me gustaba el vino, moría por él; y viendo que la paja ya no me aprovechaba ni valía, decidí hacer en el fondo del jarro un agujero y taparlo con un poco de cera. Al tiempo de comer, me ponía entre las piernas del ciego, como si tuviera frío, para calentarme en la pobre lumbre que teníamos; al calor de la lumbre se deshacía la cera y comenzaba el vino a caerme en la boca y yo la ponía de tal manera que no se perdía ni una gota. Cuando el pobre ciego iba a beber no encontraba nada. Se desesperaba no sabiendo qué podía ser.

- No diréis, tío, que os lo bebo yo -decía- pues no soltáis el jarro de la mano.

Tantas vueltas le dio al jarro que encontró el agujero, al poner el dedo en él, comprendió el engaño, pero aunque él supo lo que era, hizo como si no hubiera visto nada. Y al otro día, me puse como de costumbre, sin pensar lo que el ciego me estaba preparando, y creyendo que el mal ciego no me sentía. Y estando recibiendo aquellas dulces gotas, mi cara puesta hacia el cielo, un poco cerrados los ojos para mejor gustar del vino, el desesperado ciego, levantando con toda la fuerza de sus manos el jarro, le dejó caer sobre mi boca, ayudándose como digo con todo su poder, de manera que yo, pobre Lázaro, que nada de esto esperaba, sentí como si el cielo con todo lo que hay en él, me hubiese caído encima.

Fue tal el golpe que me hizo perder el **sentido** y el **jarrazo** tan fuerte que los pedazos del jarro se me metieron en la cara rompiéndomela en muchos lugares y rompiéndome también los dientes, sin los cuales hasta hoy me quedé.

Para que vea vuestra merced hasta dónde llegaba el ingenio de este hombre, le contaré un caso de los muchos que con él me sucedieron.

Sucedió que llegando a un lugar que llaman **Almorox**, en el tiempo de las uvas le dieron un gran racimo de ellas. Como el racimo se le deshacía en las manos, decidió comerlo, por contentarme, pues aquel día me había dado muchos golpes. Nos sentamos y me dijo:

- Lázaro, ahora quiero que los dos comamos este racimo de uvas y que tengas de él tanta parte como yo. Será de esta menera: tú cogerás una uva y yo otra, pero sólo una, hasta que lo acabemos.

Dicho esto, comenzamos a comer, pero a la segunda vez el mal ciego cambió de idea y comenzó a coger de dos en dos, pensando que yo estaba haciendo lo mismo. Como vi que él hacía esto, yo hacía más: comía de dos en dos o de tres en tres. Cuando acabamos de comer las uvas me dijo:

- Lázaro, me has engañado. Tú has comido las uvas de tres en tres.
- No comí -dije yo- pero, ¿por qué lo piensa así vuestra merced?
- ¿Sabes en qué veo que comiste las uvas de tres en tres? -respondió él-. En que yo las comía de dos en dos y tú callabas.

Yo me reía, y aunque muchacho bien comprendí que mi amo era hombre que conocía el mundo.

Un fragmento de *La vida de Lazarillo de Tormes*

1. Expresiones y léxico

jerigonza: el habla particular de los ladrones y gentes de mal vivir.
ser un águila: ser muy inteligente.
devoto: persona que reza con piedad.
Galeno: médico famoso de Grecia.
fardel: saco o talega que llevan regularmente los pobres, pastores y caminantes para las cosas comestibles u otras de su uso.
argolla: aro grueso, generalmente de hierro que sirve de amarre o de asidero.
candado: cerradura suelta contenida en una caja de metal, que por medio de armellas asegura puertas, ventanas, tapas de cofres, maletas, etc.
migaja: la parte blanda del pan; aquí: algo muy pequeño.
sentido: conocimiento
jarrazo: golpe dado con el jarro.
Almorox: un pueblo de Toledo.

2. Actividades de comprensión

1. ¿Quién era Lazarillo?
2. ¿Cómo era el ciego?
3. ¿Porqué Lazarillo siempre tenía hambre?
4. ¿Porqué el ciego decide comerse las uvas?
5. ¿Cómo supo el ciego que Lazarillo comía más uvas que él?

Refranes, frases y dichos populares

- Amar, es bueno; ser amado, mejor; lo uno es servir, lo otro, ser señor.
- Sobre dinero no hay amistad.
- Hierba mala presto crece, y antes de tiempo envejece.

Lección 17

Una lección de cortesía

Don Ramón es un hombre muy **singular**. Una noche llega a casa dos horas después de la comida, se sienta a la mesa y llama a su criado:

- ¡Francisco! ¡La sopa, Francisco!

El criado entra un momento después con el primer plato. A esas horas, la sopa está completamente fría. Don Ramón **dirige** a su criado una terrible mirada, se levanta furioso con el plato en la mano y lo arroja al patio por la ventana.

El sirviente le mira asombrado. El infeliz ha sufrido por mucho tiempo las injusticias de su amo. Esta vez desea darle una lección de **cortesía**. Va a la cocina, trae el pan, la carne, las legumbres y el vino, y, con gran indiferencia, los **arroja** por la ventana. No satisfecho con esta demostración, toma una silla, el mantel, la taza, el cuchillo, el tenedor y las cucharas y los arroja también al patio.

Ahora es don Ramón quien mira con asombro a su criado. Viendo a Francisco tan tranquilo, le grita irritado:

- ¿Qué haces, imbécil?

El criado le contesta con serenidad:

- Perdone, señor, si no comprendo bien sus **intenciones**. ¿No quiere Ud. comer en el patio esta noche? El tiempo está muy agradable, y como allí hay tantas flores...

Don Ramón **reconoce** su falta y no sabe qué contestar. Desde entonces, cuando llega tarde y la sopa está fría, se sienta a la mesa sin decir una palabra.

1. Expresiones y léxico

singular: solo, sin otro de su especie.
dirigir: enderezar, llevar rectamente una cosa hacia un término señalado.
cortesía: demostración o acto con que se manifiesta la atención, respeto o afecto que tiene una persona a otra.
arrojar: echar, hacer que alguna cosa vaya a parar a alguna parte.
intención: determinación de la voluntad en orden a un fin.
reconocer: examinar con cuidado a una persona o cosa para enterarse de su identidad, naturaleza y circunstancias.

2. Actividades de comprensión

1. ¿Porqué la sopa está completamente fría cuando don Ramón la pide?
2. ¿Qué hace don Ramón con la sopa fría?
3. ¿Qué cosas arroja Francisco al patio?
4. ¿Porqué las arroja?
5. ¿Cómo está el tiempo?
6. ¿Porqué don Ramón no sabe que contestar?

Lección 18

La estrategia de don José María

Don José María, después de la cena, comienza a contar los hechos de su vida. Sus amigos le escuchan con interés. Todos saben que los cuentos de don José María son muy **divertidos**, aunque algo **exagerados**. Ha sido soldado, y siempre recuerda sus aventuras en los países extranjeros.

- Un barco sin la artillería- empieza el viejo soldado- no es nada: pero es en la tierra, amigos míos, donde vemos lo que puede hacer esta **invención** admirable de la inteligencia humana. En la batalla de Masdeu, ganamos nosotros por el buen manejo de la artillería.
- ¿Cómo fue eso, don José?
- Pues, había recibido yo la orden de no comenzar el ataque hasta la llegada del general Ricardos, quien iba a darnos instrucciones más detalladas. Pero cuando viene una columna de franceses, hay que hacer algo antes de perder una buena posición. Yo tenía sólo cuatro cañones, y los franceses eran muchos. ¿Qué hacer?
- Y ¿qué hizo Ud.?- interrumpió uno de sus amigos.
- Ya saben ustedes -continuó el héroe- que los franceses forman la línea con gran perfección: un soldado directamente tras otro. Este hecho fue nuestra salvación. Vi que la columna de los enemigos estaba ya muy cerca y en tal formación que nuestros disparos podían **enfilar**la de un extremo a otro. Apunté bien con uno de los cañones a la cabeza del primer soldado, y ¡zas! la bala se llevó ciento cuarenta y dos cabezas. No cayeron más porque el extremo de la línea se movió un poco.

- ¿De veras?
- ¡Hombre, sí! Los franceses no comprendían mi estrategia, ni podían verme. Enviaron otra columna para atacar a nuestras tropas, y aquélla tuvo la misma suerte. Después enviaron otra, y otra, y otra, todo el día, hasta que gané la batalla.

Adaptado de Benito Pérez Galdós: *Trafalgar*

1. Expresiones y léxico

estrategia: arte de dirigir las operaciones militares.
divertido: alegre, festivo y de buen humor.
exagerado: excesivo, que incluye en sí exageración.
invención: acción y efecto de inventar.
enfilar: poner en fila varias cosas.

2. Actividades de comprensión

1. ¿Cómo son los cuentos de don José María?
2. Según don José María, ¿en dónde podemos ver lo que puede hacer la artillería?
3. ¿Qué ha sido don José María?
4. ¿Qué orden había recibido?
5. ¿Cuántos cañones tenía?
6. ¿Cómo forman la línea los franceses?
7. ¿Cuántas cabezas se llevó la bala?
8. ¿Porqué no cayeron más cabezas?

Lección 19

Teoría de la tertulia

Una reunión de hombres con propósito y objetivo puede ser un partido político, una sociedad mercantil o cualquier otra cosa. Pero cuando esa reunión no tiene propósito ni objetivo alguno, entonces es una **tertulia**. El cultivo de la amistad y del arte de la conversación justifican por sí solos la existencia de esa institución social española que es, por lo demás, totalmente inútil a efectos prácticos. A la tertulia se va pura y simplemente a conversar y está mal visto tratar de buscarle cualquier género de utilidad como pueda ser el **medro** personal o la propia **promoción** a través de las relaciones que la tertulia proporciona.

En todas partes la gente se reúne a hablar, en todos los cafés y salones del mundo hay reuniones para conversar. España es, sin embargo, el único país que, por así decirlo, ha desarrollado a lo largo de los últimos dos siglos una «teoría de la tertulia».

La primera regla de la tertulia se dice pronto: «lugar y tiempo fijos». Puede celebrarse todas las tardes, a la hora de tomar café en tal o cual establecimiento. O los sábados por la noche en casa de una dama. O en una cena, en un restaurante, los segundos y cuartos lunes de cada mes. La asistencia no es obligatoria, bien que la prolongada ausencia puede dar lugar a un «expediente». De ahí que pueda decirse que la tertulia es «un espacio de libertad», porque se puede acudir a ella o no pero siempre se tiene la certeza de que está reunida.

Otra regla importante y constitucional: los tertulios ocupan siempre el mismo sitio. Y piden excusas si, en alguna ocasión ocupan la silla de un ausente. La conversación debe ser siempre general, evitando los **apartes.** Hay tertulias «con tema», pero la mayoría son, no obstante «sin tema», y se habla de todo.

La filosofía de la tertulia suele ser **herética.** Cabe suponer que el gran **heterodoxo** Tertuliano, de cuyo nombre deriva la palabra, ha influido en su naturaleza. Y hasta hoy es regla de la tertulia hablar mal de los ausentes, aunque sean miembros de la tertulia. En realidad, ésta es la razón profunda de que uno acuda a la tertulia con tanta **asiduidad** y de que no se levante uno de la mesa mientras la tertulia está reunida.

1. Expresiones y léxico

tertulia: reunión de personas que se juntan habitualmente para conversar o recrearse.
medro: mejora.
promover: iniciar, adelantar una cosa, procurando su logro.
aparte: separadamente, con distinción.
herético: perteneciente a la herejía o al hereje.
heterodoxo: no conforme con la doctrina fundamental de una secta o sistema.
asiduidad: frecuencia, puntualidad o aplicación constante a una cosa.

2. Actividades de comprensión

1. ¿Qué es una tertulia?
2. ¿A qué se va uno a la tertulia?
3. ¿Cuál es su primera regla?

4. ¿Qué ocurre si uno se ausenta de la reunión por un tiempo largo?
5. ¿Qué otras reglas hay?
6. ¿Cómo es su filosofía?
7. ¿Cuál es la razón de que uno participe con tanta asiduidad a la tertulia?

Refranes, frases y dichos populares

- El hombre propone, y Dios dispone.
- El hábito no hace al monje.
- A quien madruga, Dios le ayuda.

Lección 20

Marianela

Esa misma tarde, Teodoro Golfín salió con Choto a buscar a Marianela. La encontró cerca de la boca de una **mina**, mirando hacia el fondo. Parecía que quería tirarse.

- ¡Nela, Nela!...
- Señor...
- Sube. ¿Qué haces ahí?

Marianela subió muy despacio hasta donde estaba Teodoro. Anduvieron un rato sin decir nada. A la mitad del camino, el doctor se sentó en el suelo, cogió a la Nela de la mano y le preguntó:

- ¿Qué ibas a hacer allí?
- Yo... ¿dónde?
- Sabes muy bien de que estoy hablando. Contéstame claramente. ¿Qué ibas a hacer allí?
- Allí está mi madre.
- Tu madre ha muerto. ¿Tú sabes que los muertos están en el otro mundo?
- Está allí -dijo la Nela.
- Y tú pensabas ir con ella, ¿no es eso? Pensabas quitarte la vida.
- Si, señor. Pero, si yo quiero matarme, nadie tiene por qué decir nada. Mi vida aquí no vale nada.
- ¿Qué ideas tienes de Dios, de la otra vida, de la muerte?

¿Pensabas estar mejor allí?

- Sí, señor. Quería ir con mi madre. Yo ya no quiero vivir. Ya no sirvo para nada.

- Quítate esa idea de la cabeza. Florentina, que es muy buena, quiere hacer de tí una amiga y una hermana. Ahora dime todo lo que sientes. ¿Has sido feliz en tu vida?
- Empezaba a serlo.
- ¿Cuándo dejaste de serlo?
- Cuando usted vino -contestó la Nela.
- Pablo ve gracias a mí. ¿No te hace eso feliz?
- Mucho. Sí, señor, mucho -dijo la Nela llorando.

Golfín la miraba con **pena**.

- Pablo me ha dicho que te quiere mucho. Desde que se ha curado, no ha hecho otra cosa que preguntar por tí. La luz no sirve para nada si no sirve para ver a Marianela. Sí, Nela, eso dice todos los días...
- ¡Para ver a la Nela! ¡No verá a la Nela!
- ¿Y por qué?
- Porque es muy fea... El podía querer a la hija de la Canela cuando sus ojos estaban cerrados. Ahora Pablo ya no podrá querer a la Nela.
- No puedes saber si le gustas o no. Él todavía no te ha visto. Yo te llevaré a casa.
- ¡No quiero, no quiero! Ninguna cosa fea debe vivir.
- La belleza no es lo más importante. ¿Lo quieres mucho?, ¿lo quieres más que a todas las cosas del mundo?
- Sí, sí señor.
- ¿Y él te ha **prometido** algo?
- Me dijo que se iba a casar conmigo. Yo estaba muy contenta, no me preocupaba ser fea, porque él no podía verme. Pero ahora...
- Dime, ¿te gusta la idea de vivir con Florentina?
- ¡Vivir con ellos, viéndolos juntos a todas horas...!
- Pero Florentina es muy buena, y te querrá mucho...
- Yo la quiero también, pero no en Aldeacorba -dijo Marianela-. Ha venido para quitarme a Pablo y él era mío, mío... Y ahora, ¿adónde voy yo

ahora? Lo he perdido todo, todo, y quiero irme con mi madre.

- Ven aquí -dijo Golfín. Voy a llevarte conmigo. Vamos, hace frío.

Tomó la mano a Marianela. Ella se levantó y anduvieron juntos durante un rato. De repente, Marianela se quedó parada.

- ¡Por favor, señor, no me lleve con usted!

La joven estaba enferma. Su cara estaba muy roja y sus manos frías. Golfín la cogió en brazos. Al poco tiempo, llegaron a Aldeacorba.

Golfín entró en la casa y llevó a Marianela a la habitación de la señorita Florentina. Todo estaba en silencio.

Cuando don Teodoro llevó a la Nela a casa de Francisco Penáguilas, la acostó en la habitación de Florentina. Era éste el cuarto más alegre de la casa. Por sus dos grandes ventanas entraba el sol de la mañana y el olor de las rosas del jardín.

Florentina, sentada en el suelo, se ocupaba en cortar un traje para Marianela. De vez en cuando volvía la cabeza hacia el sofá donde dormía la joven y observaba su sueño nervioso. Don Teodoro entró para ver cómo se encontraba la enferma.

- ¿Durmió bien anoche? -preguntó a Florentina.

- Muy poco. Todo el tiempo la oí llorar. Esta noche tendrá una buena cama. Le van a traer una de mi casa en Villamojada. La pondré en ese cuarto que está al lado del mío.

En ese momento despertó la Nela.

- ¿Qué te pasa? ¿Nos tienes miedo? -le preguntó Florentina dulcemente.

- No, señorita, miedo no. Usted es muy buena y el señor Teodoro también.

- ¿No estás contenta aquí?

La Nela no contestó. Miraba muy seria a Florentina y al doctor Golfín.

- ¿No quieres quedarte a vivir conmigo? -preguntó preocupada Florentina.

- Di que sí, Nela, o Florentina se enfadará.

- No se enfade, por favor -dijo la Nela sonriendo.

De repente, Marianela se puso pálida. Alguien se acercaba por el pasillo.

- ¡Viene! -gritó nervioso Golfín.
- Es él -dijo Florentina, corriendo hacia la puerta.

Era Pablo que entraba despacio en la habitación. Venía riendo y sus ojos, libres de la **venda**, miraban hacia delante, hacia Florentina. Sin ver a Teodoro ni a Marianela, se acercó a su prima diciéndole:

- Primita, ¿por qué no has venido hoy a verme? He tenido que venir yo a buscarte. Tu padre me ha dicho que estás haciendo trajes para los pobres y por eso, sólo por eso, te perdono.

Florentina estaba muy nerviosa y no sabía qué decir.

- Don Teodoro no te ha dado permiso para quitarte hoy la venda. Eso no está bien -dijo por fin.
- Pero seguro que me lo dará después -dijo Pablo riendo-. Me encuentro muy bien y no puede ocurrirme nada. Además, ahora que te he visto, ya no me importa quedarme ciego otra vez.
- ¡No digas eso!
- Estás tan guapa que me parece que es la primera vez que te veo. No sé cómo he podido vivir tantos años sin tenerte a mi lado.
- ¡Primo..., por Dios!
- ¿Sabes, Florentina?, yo creía que nunca iba a quererte. Yo creía que quería a otra mujer. ¡Qué tonto era! Gracias a Dios ahora sé la verdad. Mi padre me ha dicho que la mujer a la que yo quería era horrible. ¡Y ahora te estoy viendo tan maravillosa! Te veo y sólo quiero cogerte y encerrarte dentro de mi corazón.
- ¡Doctor, por favor, dígale algo!

Teodoro gritó:

- ¡Pronto, joven...! ¡Póngase esa venda en los ojos y márchese a su cuarto!
- ¿Está usted aquí, señor Golfín? -dijo Pablo acercándose a él.
- Sí, estoy aquí -contestó muy serio Golfín-, y creo que debe volver a su habitación. Yo lo acompañaré.
- Yo me encuentro muy bien. Sin embargo, ya que usted lo quiere así,

ahora mismo me iré. Pero antes déjeme ver esto.

Miraba el sofá donde estaba Marianela.

- Ya veo que Florentina ha recogido a una pobre. ¿Estás enferma? No te preocupes. En mi casa no te faltará nada. Aquí, al lado de mi prima, te vas a **curar**... Esta pobrecita está muy mala, ¿no es verdad, doctor?

Pablo se acercó al sofá y acarició la cabeza de Marianela. Al sentir su mano, la Nela abrió los ojos. Después sacó una mano morena y delgada y tomó la del señorito de Penáguilas. En la habitación se hizo un silencio grave y profundo.

- Sí, señorito mío, yo soy la Nela.

Lentamente, llevó a sus labios la mano de Pablo y le dio un beso..., luego un segundo beso. Después de darle un tercer beso, Marianela cerró los ojos y dejó caer su cabeza. Estaba muerta.

El tiempo dejó de correr. Los minutos parecían no tener final. Todos callaban mirando a Marianela. Pablo fue el primero en romper el silencio:

- ¡Eres tú..., eres tú!

Florentina se acercó llorando y Golfín, volviéndose hacia Pablo, dijo estas horribles palabras:

- ¡Usted la ha matado! Váyase, por favor.
- Morir..., morirse así, sin motivo... Esto no puede ser -dijo Florentina-. ¡María!, ¡Marianela!

Repitió su nombre dos o tres veces.

- No responde -dijo Pablo, horriblemente **pálido**.

Sin embargo, acercó sus labios al oído de Marianela y gritó también:

- ¡Nela, Nela, amiga querida!

Florentina seguía preguntando:

- ¿Por qué se ha muerto? No lo comprendo. Dígame por qué, señor Golfín, usted que es médico.
- No lo sé. Yo sólo soy médico de los ojos. Yo no curo las pasiones.
- ¡Nela!, ¿qué te he hecho yo? -decía Pablo llorando.
- Los ojos de Pablo han sido para él una vida nueva. Para Nela han sido

sombra, dolor...,¡la muerte! -dijo Golfín.

Florentina se puso a llorar, diciendo:

- Yo quería hacerla feliz, y ella no quiso serlo.

Adaptado de Benito Pérez Galdós: *Marianela*

1. Expresiones y léxico

minas: excavaciones realizadas para sacar de la tierra minerales útiles para el hombre, por ejemplo, carbón, oro...

pena: dolor, tormento o sentimiento corporal.

prometer: asegurar la certeza de lo que se dice.

venda: trozo de tela o gasa que se pone sobre una herida.

curar: recuperar la salud.

pálido: descolorido. Desanimado, falto de expresión y colorido.

2. Actividades de comprensión

1. ¿Dónde estaba Marianela cuando Teodoro Golfín la encontró?
2. ¿Dónde está la madre de Marianela?
3. ¿Porqué quiere quitarse la vida Marianela?
4. ¿Porqué no quiere que Pablo la vea?
5. ¿Porqué piensa que Golfín le ha quitado la felicidad?
6. ¿Porqué piensa que ya no podrá ser feliz?
7. ¿Cómo es Florentina?
8. ¿Porqué Nela no quiere vivir con Florentina?
9. ¿Porqué se pone enferma la Nela?
10. ¿Porqué se muere Marianela?

Lección 21

El doctor Belmar

I

El doctor don Andrés Belmar era un viejo amigo de mi familia. Él me conocía desde que vine al mundo; él me había visto crecer; él había venido a verme cuando estuve enfermo; él me había dado tónicos, hierro, quinina, etc., etc.

El doctor creía conocer mi organismo perfectamente y afirmaba que yo tenía **síntomas** de locura. Durante cuatro años sostuvo que yo acabaría mis días en un **sanatorio**.

La locura era su tema favorito. Alguien le había llamado ≪eminente **alienista**≫ en una revista mejicana y desde entonces don Andrés veía síntomas de locura por todas partes.

Un día resolví **explotar** en mi beneficio la manía del doctor Belmar. Le conté en secreto que yo, a veces, perdía la razón; que cuando veía un cuchillo quería matar a alguien, y que en la estación sentía deseos irresistibles de arrojarme delante de la locomotora.

Al día siguiente, noté que en casa habían desaparecido todos los cuchillos y que todos observaban mis más insignificantes movimientos. Por la noche me dijeron que no debía asistir a las clases de la universidad y que, por el contrario, debía sólo ≪distraerme.≫¿Qué más podía yo desear?

II

Todo se olvida. Olvidé que había un hombre **convencido** de mi triste condición, aunque noté en más de una ocasión que en casa me observaban como tratando de descubrir mi estado mental.

Un día cogí un fuerte **resfriado** y caí enfermo. Tras el resfriado, vino una fiebre tifoidea. La convalescencia fue larga y el doctor me recomendó un viaje a Valparaíso. Allí, el aire del mar produciría el restablecimiento de mi salud.

Se hicieron los preparativos. Al día siguiente partí con una vieja tía que me quería como a un hijo.

Llegamos al hotel. Mi tía creía ciegamente todas las extravagantes ideas de Belmar. Creía, pues, la pobre y querida vieja, que si yo no era loco, estaba a punto de serlo.

Un día estaba en mi habitación sentado en una silla. Miraba por la ventana el movimiento de la calle. Mi tía leía en voz alta el martirio de San Ildurito, historia que yo había aprendido casi de memoria.

En esta situación, me molestó el cuello de la camisa, y comencé a mover la cabeza. Mi tía dejó el libro y me miró aterrada. Comprendí entonces que la **sospecha** de mi locura había pasado rápidamente por su mente. Con mala **intención**, y para no oír más la historia de San Ildurito, seguí moviendo la cabeza poniendo los ojos en blanco. Dejó mi tía el libro en una silla y salió corriendo. Yo seguí mirando por la ventana muy tranquilo. Unos momentos después, volvió la señora; retiró un poco su silla y siguió con la lectura.

Todo lo comprendí cuando llegó el doctor Belmar al hotel. La pobre señora le había llamado diciéndole que seguramente yo había tenido un **ataque**. Comprendí entonces que mi situación era muy delicada, y que había cometido un grave error.

Aquella tarde, a la hora de comer, mi tía y el doctor bajaron al comedor del hotel dejándome a mi en cama.

III

Para ≪distraerme≫, comencé a leer un número del *Illustrated London Times*. Hacía mucho rato que mi tía y el doctor se habían ido a comer. La lámpara del gas hacía un ruido monótono; llegaban hasta mí los ruidos de la calle y del interior del hotel en forma de conversaciones, risas, pasos y golpes de platos, vasos y cuchillos.

De repente, sentí un ruido extraño y la puerta comenzó a abrirse lentamente. Esperé un instante creyendo que era el viento. Pero alguien se mueve y entra.

Yo salto en la cama. Lo que tenía ante mis ojos no era un hombre; era un monstruo; bajo, deforme, la cara pálida, los ojos y las orejas enormes. El recién llegado se había detenido, con un dedo en los labios, como queriendo decirme: ≪¡No grite usted!≫

¿Qué era aquello? ¿Qué significaba la misteriosa visita de aquel horrible individuo? Comenzó a caminar de puntillas en dirección de mi cama, mientras yo me retiraba hacia la pared. El monstruo se acercó, me miró fijamente y se escondió debajo de la cama.

Confieso que si antes aquel monstruo me había parecido horrible, ahora me pareció algo peor. ¿Sería un **anarquista** que venía a matarme con una bomba? ¿Sería un ladrón? ¿Podría ser ...?

En esos momentos entraba el doctor.

- ¿Cómo está el enfermo? -preguntó.
- ¡Doctor, doctor! -digo yo aterrado. -¡Debajo de mi cama hay un hombre! ¡No, un monstruo! ¡Sáquenlo, porque me muero!

Pintar el asombro del pobre Belmar es imposible. El terror, la lástima, la desesperación, todo se veía en su cara pensativa.

- ¡Calma, por Dios!

Entonces comprendí que estaba perdiendo el tiempo. Quise saltar de la cama, pero el doctor se lanzó sobre mí y me **contuvo**. Hice esfuerzos y comenzó una lucha desesperada.

- ¡Imbécil! ¡No sea usted imbécil! -gritaba yo.

Todo fue inútil. Saqué un brazo y le dí una bofetada. Él gritó en el acto ¡socorro! ¡socorro!, manteniéndome firme sobre la cama. Llegó mi tía dando gritos. Dos mozos subieron al cuarto; yo gritaba, pero ellos gritaban más. Tuve que callarme.

Me acostaron y me ataron a la cama. Los mozos salieron del cuarto diciendo: -¡Pobre joven! ¡Pobre joven!

IV

Mi tía salió llorando y luego la siguió Belmar, triste y pensativo. Oí que dictaban un mensaje que decía: ≪Ángel ha perdido la razón. Vengan inmediatamente.≫ Me dió rabia y empece a gritar, queriendo echarme al suelo. Belmar corrió a sentarse cerca de mí y me miró, como diciendo: ≪Tan joven...y ya loco.≫

Yo no sabía qué hacer. Me veía atado... y, entretanto, debajo de mi cama había un hombre. La lámpara del gas con el mismo ruido monótono; mi tía llorando; el doctor, mirándome con profunda melancolía. Al ver esta escena, no pude contener la risa.

- ¿Te ríes, hijo? -me dijo el doctor en voz baja.

- Sí, me río de usted., señor ≪eminente alienista.≫

El pobre Belmar me miraba con compasión. Dos lágrimas salieron de sus ojos...

V

De repente, un estornudo, sí, señor, un estornudo sonoro, muy sonoro, resuena debajo de la cama. Belmar salta de la silla y escucha. Otro estornudo, más sonoro. Se echa al suelo, mete la mano, y tira de una pierna.

- ¿Quién eres tú? ¡Responde! -grita Belmar con furia.

- Soy Juancho -dice con voz suave el **jorobado.**

En ese instante entra un mozo y al ver al hombrecito suelta una carcajada.

- ¡Juancho, hombre! ¿Qué haces aquí?

En un momento se explica todo. Juancho es un jorobado que sufre la manía de persecución. Es un inofensivo, hermano del dueño del hotel. Generalmente se esconde debajo de las camas, huyendo de un enemigo invisible.

¡No estoy loco! El doctor me abraza llorando; mi tía da muestras de alegría y en la primera oportunidad vuelve a leerme... el martirio de San Ildurito.

Adaptado de Joaquín Díaz Garcés: *El alienista*

1. Expresiones y léxico

síntomas: fenómeno revelador de una enfermedad.
sanatorio: establecimiento dispuesto para los enfermos que necesitan someterse a tratamientos médicos.
alienista: médico especialmente dedicado al estudio y curación de las enfermedades mentales.
explotar: utilizar en provecho propio, las cualidades o sentimientos de una persona o de un suceso.
convencer: incitar, mover con razones a alguien a hacer algo.
resfriado: catarro
sospechar: desconfiar, dudar.
intención: determinación de la voluntad en orden a un fin.
ataque: acceso repentino ocasionado por un trastorno o una enfermedad, o bien por un sentimiento extremo.
anarquismo: doctrina basada en la abolición de toda forma de Estado o de gobierno y en la exalación de la libertad del individuo.
contener: reprimir o sujetar.
jorobado: corcovado

2. Actividades de comprensión

1. ¿Quién era el doctor Belmar?
2. ¿Qué afirmaba el doctor?
3. ¿Cuál era su tema favorito?
4. ¿Qué contó el autor en secreto a Belmar?
5. ¿De qué se enfermó el autor?
6. ¿Qué le recomendó el doctor?
7. ¿Quién acompañó al autor?
8. ¿Porqué el autor siguió moviendo la cabeza poniendo los ojos en blanco?
9. ¿Cuándo comprendió que había cometido un grave error?
10. ¿Cómo era el monstruo?
11. ¿Dónde se escondió?
12. ¿Porqué el autor no pudo contener la risa?
13. ¿Qué resuena debajo de la cama?
14. ¿Quién era Juancho?

Lección 22

¡Atrapados!

Millones de automovilistas queman nervios y energía en los **atascos** de tráfico.

Héctor sumerge el último resto de galleta en el café. Con la taza del desayuno en los labios, mira el jardín: la luz es muy tenue y las farolas todavía están encendidas. Son las 7:30. A esa hora su esposa va al trabajo y los niños todavía duermen. Héctor trabaja como director financiero en una empresa de productos agrícolas y a las nueve de la mañana tiene una cita importante con agentes de cambio y bolsa. Para llegar a Madrid desde la **urbanización** de lujo donde vive -situada a 35 kilómetros de la capital- tarda aproximadamente una hora, pero hoy más **por culpa de** la tormenta.

Encender el motor del automóvil y conectar la radio son actos reflejos. Los primeros kilómetros, por carreteras nacionales, pasan rápido, pero al salir a la **autovía** se circula muy despacio. Cuando faltan unos pocos kilómetros para entrar en Madrid, su Alfa Romeo se encuentra en un punto muerto. El tapón es monumental. La lluvia incita a mucha gente sacar el coche.

Los conductores atrapados bostezan constantemente. El aburrimiento es total. Sólo las motos parecen moverse. Una señora aprovecha la parada para perfilarse los labios con un lápiz marrón, el conductor vecino fuma un puro, muchos leen el periódico, un ejecutivo realiza las primeras llamadas desde el teléfono celular, algunos se hurgan la nariz mirando al infinito.

Héctor no se resigna a vivir en un atasco. No entiende por qué la infraestructura va siempre por detrás de las necesidades. Mientras hace esta reflexión todavía se encuentra a 15 kilómetros de Madrid. Al lado de su vehículo están detenidos dos autobuses urbanos.

A las 9 consigue entrar en la ciudad. El acceso a la Plaza de Castilla es un auténtico embudo. Otro colapso. Él se encuentra ya cerca de su oficina.

A la misma hora que desayuna el director financiero, llega a su despacho Joaquín Obispo, madrileño, de 35 años. La jornada en el Banco Central empieza a las ocho, pero prefiere llegar media hora antes porque así encuentra menos tráfico en la carretera de Extremadura. Para llegar a tiempo al trabajo se levanta a las seis. Cuando sus compañeros llegan al banco, Joaquín toma un café y lee el periódico. Desde Móstoles, donde vive, puede tomar un **tren de cercanías** y conectar en Madrid con el metro, pero es imposible para él utilizar el transporte público. Cuando termina la jornada en la entidad bancaria -a las cinco de la tarde- ejerce como redactor jefe en la revista *Captura,* una publicación de caza y pesca. El coche lo necesita para desplazarse por la tarde y hacer las mil gestiones pendientes de la revista. Juntando todo el tiempo que pierde en el coche **a lo largo de** un año, se completan 35 días. Como venganza, los sábados se quita el reloj y **procura** evitar las prisas; sale a cazar o pasa el fin de semana fuera. Conducir a gran velocidad es **relajante**.

Antonio, en cambio, uno de los habitantes de Fuenlabrada, prefiere usar el transporte público. Recorre cada mañana a paso rápido los quinientos metros que separan su casa de la estación de cercanías.

En el andén esperan decenas de viajeros medio dormidos. Hay señoras de mediana edad cargadas de maquillaje, obreros y emprendedores funcionarios. El tren llega lleno. No hay posibilidad de sentarse, algunos luchan por conseguir un **hueco** en el que apoyar la espalda. Muchos viajeros duermen, otros leen prensa deportiva. Cada nueva parada pone a prueba las dimensiones del vagón. Como sardinas en lata llegan a la estación de Madrid. Allí se meten en el metro, única alternativa para llegar a tiempo.

1. Expresiones y léxico

atasco: obstrucción, embotellamiento de circulación.
urbanización: núcleo residencial fuera de la ciudad.
por culpa de: a causa de, debido a.
autovía: carretera de dos carriles en cada dirección.
tren de cercanías: tren que une poblaciones próximas a la capital.
a lo largo de: durante.
procurar: intentar, hacer todo lo posible para conseguir algo.
relajante: que distiende, que produce relax.
hueco: espacio libre o vacío.

2. Actividades de comprensión

1. ¿Qué es Héctor?
2. ¿Qué tiene Héctor a las nueve de la mañana?
3. ¿Porqué hoy se tarda más de lo normal?
4. ¿Qué hace una señora para aprovechar la parada?
5. ¿Qué hace el conductor vecino?
6. ¿Qué hace el ejecutivo?
7. ¿Cómo es el acceso a la Plaza de Castilla?
8. ¿Qué hace Joaquín Obispo a la misma hora que desayuna Héctor?
9. ¿Porqué Joaquín prefiere llegar al trabajo media hora antes?
10. ¿Porqué le es imposible utilizar el transporte público?
11. ¿Cómo se descarga Joaquín Obispo la tensión del atasco los fines de semana?
12. ¿Porqué Antonio prefiere usar el transporte público?
13. ¿Qué transportes públicos usa Antonio para llegar a tiempo al trabajo?
14. ¿Porqué no hay posibilidad de sentarse?

Refranes, frases y dichos populares

- Ojos que no ven, corazón que no siente.
- Quien mucho abarca, poco aprieta.
- La ociosidad es madre de todos los vicios.

Lección 23

Un mundo sin caras

La comunicación en internet se basa en el intercambio escrito. Esto tiene numerosas desventajas y ventajas, con diferentes consecuencias. Entre las ventajas podemos mencionar el no juzgar a una persona por una primera **impresión** visual, lo que permite muchas veces conocer mejor a esa persona. También muchas personas son menos tímidas al no tener el contacto visual y **por ende** son más auténticas. Sin embargo, estas mismas ventajas facilitan que algunas personas ofendan a otras, que se escondan detrás del **anonimato** o que suplanten o finjan una personalidad, sexo o edad que no tienen. Hay que recordar que ya sea en papel o delante de un computador, uno puede escribir cualquier cosa sin ninguna presión social de educación o diplomacia. Un famoso chiste en internet muestra a un perro diciéndole a otro: nadie sabe que soy un perro en internet.

Internet es una comunidad nueva, que no posee las características típicas de las comunidades que conocemos. Por ejemplo, se establecen relaciones sociales entre personas que no se conocen físicamente y que probablemente nunca lo harán. El vocabulario de expresiones, gestos, tonos, movimientos de manos que usamos día a día está ausente. La carencia de estos gestos hace más difícil si una frase es una broma o un **insulto**, si se dice una frase con seguridad o con duda, etc. La reputación de cada interlocutor es menos importante, porque muchas veces los nombres no son conocidos o no son reales. El anonimato, que muchas veces esconde lo peor de las personas, nunca fue tan fácil.

Son más de 50 millones de personas de distinta nacionalidad, raza, religión, y lengua. Más de 90 países sin fronteras ni leyes comunes. El resultado es libertad, como en ninguna otra comunidad. Todos tenemos la misma voz, formando una democracia perfecta. Sin embargo, al mismo tiempo, no hay nada que impida el caos absoluto.

1. Expresiones y léxico

impresión: marca o señal que una cosa deja en otra al presionar sobre ella.
por ende: por tanto.
anónimo: dícese de la obra o escrito que no lleva el nombre de su autor.
insultar: ofender a uno provocándolo e irritándolo con palabas o acciones.

2. Actividades de comprensión

1. ¿Cuáles son las ventajas de la comunicación en internet?
2. ¿Cuáles son las desventajas?
3. ¿Qué características tiene el internet como una comunidad nueva?
4. ¿Qué consecuencias pueden traer la carencia de los gestos?
5. ¿Qué puede esconder el anonimato?
6. ¿Cuál es el resultado del internet como una comunidad?

Lección 24

Prometeo y Pandora

Hubo un tiempo en que los hombre **carecían** en la tierra de muchas cosas, incluso no tenían fuego para **hervir** sus comidas y para poder calentarse. Prometeo, que en aquella época era ayudante de Zeus, el padre de los dioses, los contemplaba entristecido desde el cielo. Y los veía luchar contra el frío y contra el hambre.

Prometeo pidió a su señor permiso para bajar el fuego a la tierra. Zeus se negó a ello; pero Prometeo robó la llama del fuego, la escondió en una caña y se la bajó a los hombres.

Y no sólo se contentó con regalar a los hombres el fuego, sino que les enseñó a usarlo.

Pronto se enteró Zeus de la desobediencia de Prometeo. Y decidió **vengarse** de él y de los hombres, por medio de una hermosa doncella, llamada Pandora, que vivía en el cielo con los dioses.

Un día la llamó y le entregó una misteriosa cajita, al mismo tiempo que le decía:

- Te he elegido para esposa de Prometeo. Irás a su encuentro y te presentarás como regalo mío. No te olvides además de llevar contigo esta cajita que siempre deberá estar cerrada. Con estas palabras despidió a Pandora.

A la mañana siguiente Pandora salió de viaje hacia la tierra y pronto encontró la casa de Prometeo. Llamó a la puerta y dijo:

- Soy Pandora, y vengo a casarme contigo como regalo de Zeus.

Deslumbrado por su belleza, Prometeo ya se disponía a tomarla por esposa. Pero se dió cuenta de que ella es un engaño de Zeus, que quería **castigar**le por haberle robado el fuego. Y con buenas palabras devolvió a Pandora otra vez al cielo.

Entonces Zeus decidió probar por segunda vez. Volvió a llamar a Pandora y la envió en esta ocasión a la casa de un hermano de Prometeo, llamado Epimeteo.

De nuevo bajó la doncella rápidamente a la tierra y pronto encontró la casa de Epimeteo. Llamó a la puerta y dijo:

- Soy Pandora, y vengo a casarme contigo como regalo del mismo Zeus.

Cautivado por su belleza, Epimeteo la tomó por esposa sin pensarlo más. Y así vivieron muchos días felices.

Pero, tanto a Pandora como a su marido, les **intrigaba** muchísimo la cajita que la doncella había recibido de Zeus, y que permanecía cerrada.

Y un buen día, ambos esposos, sin poder **aguantar** la curiosidad, decidieron abrir la cajita y mirar su interior. Así lo hicieron con la esperanza de encontrar dentro un tesoro. Pero de la caja salieron **en tropel** la envidia, la mentira, el odio, la **avaricia**, el dolor, la enfermedad y todos los males que desde entonces **asolaron** la tierra.

Horrorizados, trataron de cerrar la caja, pero era ya demasiado tarde. Únicamente quedó dentro la esperanza, que es lo que nos queda a los hombres en los tiempos de **calamidades** y desgracias.

Adaptación de un mito antiguo de *Ovidio*

1. Expresiones y léxico

carecer: tener falta de alguna cosa.
hervir: producir burbujas un líquido cuando se eleva suficientemente su temperatura, o por la fermentación.
vengar: tomar satisfacción de un agravio o daño.
deslumbrar: ofuscar la vista o confundirla con el exceso de luz.
castigar: ejecutar algún castigo en un culpado.
intrigar: inspirar viva curiosidad una cosa.
aguantar: soportar, tolerar a una persona o cosa molesta o desagradable.
en tropel: yendo muchos juntos, sin orden y confusamente.
avaricia: afán desordenado de poseer y adquirir riquezas para atesorarlas.
asolar: destruir, arruinar, arrasar.
calamidad: desgracia o infortunio que alanza a muchas personas.

2. Actividades de comprensión

1. ¿Quién era Zeus, y quién era Prometeo?
2. ¿Qué hizo Prometeo para bajar el fuego a la tierra?
3. ¿Y qué hizo Prometeo cuando Zeus se negó a su pedido?
4. ¿Quién era Pandora?
5. ¿Qué le había dado Zeus a Pandora antes de bajar del cielo?
6. ¿Porqué Prometeo devolvió a Pandora al cielo?
7. ¿Quién era Epimeteo?
8. ¿Porqué los esposos decidieron abrir la cajita?
9. ¿Qué cosas salieron de la cajita?
10. ¿Qué fue lo único que quedó dentro de la cajita?

Refranes, frases y dichos populares

- Amor con amor se paga.
- Después de la tempestad viene la calma.
- Hijo fuiste, padre serás: cual hiciste, tal habrás.

Lección 25

Primavera, melancolía

Tengo una casa en los **linderos** de la ciudad. Tiene un jardín delante y un **huerto** detrás. Las habitaciones son espaciosas y ventiladas. Entra el sol en invierno. En verano corro las persianas y reina en las estancias una **grata** penumbra. En la primavera observo la luz que cambia: todas las cosas parece que sufren un profundo cambio cuando se pasa del invierno al verano. Yo paseo en las mañanas por el jardín y huerto. Me levanto temprano.

Me despierto cuando oigo los gritos nerviosos de los **gorriones** de los árboles. Oigo las campanas lejanas tocar a las primeras misas. Hay en esta hora **matinal** una viva y una trasparencia que no hay en las otras horas del día. El aire parece de cristal: las montañas remotas parecen de **porcelana.** Resuena una tos de un viejo **labriego** que pasa. Luego, las viejecitas vestidas de negro **discurren** por las calles **camino de** la iglesia. Salgo de casa y llego hasta la plaza del pueblo. Hablo algunas palabras con los viejos **madrugadores.** Los viejos parece que esperan todos impacientes, **ansiosos**, la llegada de las primeras luces del día. Inmediatamente que clarea el cielo, salen de sus casas y dan pequeños paseos por los **soportales.** Son viejos labriegos, viejos amigos de la tierra. Son amigos de los gorriones mañaneros y de las campanas que tocan a la primera misa.

Cuando vuelvo a casa ya está todo en orden y limpio. Cuando limpian la casa, debe ser en silencio. No tolero los grandes y ruidosos golpes en los muebles.

Un rayo de sol entra hasta la mesa en que yo tomo mi desayuno. Respiro a plenos pulmones el aire **saturado** de jazmines y lilas. Una abeja viene ya **diligente** a estas horas hasta las flores.

Los libros que yo leo son sencillos y claros. Detesto los libros largos y confusos. Cuando me llega una carta muy larga, no puedo **enterarme** de ella. A los amigos y a los conocidos lejanos comunico mi vida en cuatro letras menudas y simétricas sobre un papel blanco y sin brillo. No sé tocar el piano, pero tengo una pianola y cerca de ella unas piezas de Beethoven, de Mozart y de Wagner. En las paredes de mi casa no hay ningún cuadro al óleo: no puedo poseer grandes **lienzos** de Velázquez, Veronés, Tiziano y Goya y sólo tengo de ellos hermosas fotografías. Prefiero, sobre todo, Tiziano, Goya y Velázquez. Cuando me canso de leer y escribir, me siento en una **mecedora** y duermo frente al jardín, lleno de aromas y de silencio.

Un fragmento de Azorín, *Lecturas españolas*

1. Expresiones y léxico

lindero: zona extrema o periférica.
huerto: terreno no grande dedicado al cultivo de legumbres, hortalizas, árboles frutales, etc.
grato: agradable, ameno.
gorrión: pájaro.
matinal: de la mañana.
porcelana: loza fina, frágil, brillante.
labriego: persona que cultiva la tierra.
discurrir: andar, caminar, reflexionar, hablar.
camino de: en dirección a.
madrugador: que se levanta temprano.
ansioso: que padece ansia o intranquilidad.

soportal: pórtico delante de algunas casas.
saturado: completamente lleno.
diligente: que es rápido y ligero.
enterarse de algo: tomar conocimiento de algo.
lienzo: tela, cuadro.
mecedora: asiento que se mueve oscilando.

2. Actividades de comprensión

1. ¿Cómo es la casa?
2. ¿Qué hace el autor por las mañanas?
3. ¿Qué hace cuando sale de casa?
4. ¿Qué son los viejos madrugadores?
5. ¿Qué hace el autor cuando vuelve a casa?
6. ¿Qué libros prefiere?
7. ¿Qué compositores ama?
8. ¿Qué pintores prefiere?

Refranes, frases y dichos populares

- Dime con quien andas, y te diré quién eres.
- En boca cerrada no entran moscas.
- Cada uno habla de la feria como le va en ella.

Lección 26

Una comida memorable

I

A mi edad, no me gusta **alterar** el orden que tengo establecido en mi manera de vivir. ¿Porqué? Porque no he abandonado nunca mi sistema sin haberme **arrepentido.**

El otro día iba yo por la calle pensando en ciertos materiales para un artículo, cuando una gran mano me dió un horrible golpe en uno de mis hombros. Traté de volverme para ver al individuo que así se anunciaba en forma tan enérgica, pero el hombre me cubrió entonces los ojos y me gritó: -¿Quién soy? -¡Un animal! -iba yo a decir, pero pensé en quién podía ser y respondí: -Braulio eres.

Al oirme, ríe Braulio como un niño de seis años.

- ¡Bien, amigo mío! ¿Cómo me has reconocido?
- ¿Quién podía ser sino tú?
- ¡Qué coincidencia! ¿Sabes que mañana son mis días? Pues, estás invitado.
- ¿A qué?
- A comer conmigo.
- No puedo, Braulio; no me es posible porque...
- ¡Nada, nada! Mañana a las dos. En casa comemos temprano, a la española. Tienes que venir; si no vienes me vas a ofender.
- Bueno, a las dos, en tu casa -dije con resignación.

II

Eran ya las dos, y como conocía a mi Braulio, me vestí con calma. Llegué a su casa a las dos y media. No quiero hablar de las palabras ceremoniosas de las visitas: empleados de su oficina con sus señoras y niños y capas, paraguas y perritos. Así paso más de una hora, hasta que Braulio dijo:

- Vamos a la mesa, querida mía.
- Espera un momento -le contestó su esposa, en voz baja.
- Con tantas visitas no hemos podido terminar...
- Bueno, pero ya son las cuatro...
- En un instante comeremos.

Eran las cinco y, por fín, nos sentamos a comer.

- Señores, -anunció Braulio, -¡están en su casa!

Y dirigiéndose a mí:

- ¡Ah!, Fígaro, tú no estás cómodo. ¿Porqué has venido tan elegante? No había necesidad de venir con **frac**. Vas a arruinarlo.
- Pero ¿por qué? -le respondí, un poco disgustado.
- Mira, te daré una chaqueta vieja mia.
- ¡No es necesario, hombre!
- ¡Oh, sí, sí! Toma, mírala.

En ese momento, me quita el frac y me pone una enorme chaqueta, que sólo me deja libres los pies y la cabeza.

Comenzamos a comer entre interminables expresiones de cortesía: -¡Sírvase Ud.! -¡Perdone Ud.! -¡Páselo a la señora! -Esta servilleta es mía, ¿verdad? -¡Muchas gracias! -¡De ninguna manera! -¡Exquisito!.

Después de la sopa vino un cocido español: pasa por aquí la carne; cruzan por allá las legumbres; acá, el jamón; la gallina por la derecha; por medio, el tocino; por la izquerda, los huevos. Y después, un plato de ternera, pichones, pavo y pescado, todo en medio de exclamaciones y comentarios.

III

El niño que tenía a mi izquierda tiraba las **aceitunas** a una ensalada de tomates con tan poca precisión que una de ellas vino volando a uno de mis ojos. El señor gordo de mi derecha había tenido la precaución de dejar en el mantel, cerca de mi pan, los huesos de las aceitunas, y el señor de enfrente hacía la **autopsia** de un pollo. Como la víctima era de avanzada edad y el señor no tenía conocimientos anatómicos, no podía hallar las articulaciones de la **inofensiva** ave. -¡Este pollo no tiene articulaciones! -exclamaba, sudando. -¡Qué cosa más extraña! Cuando hacía la disección, colocó mal el tenedor sobre el animal, y el pollo salió volando como en sus tiempos más felices, y cayó sobre el mantel. Otra tentativa y otro desastre: el furioso animal cae en la sopa, **inundando** mi camisa con el líquido. El buen señor trató de cazar el ave y, al intentarlo, hizo caer al suelo una botella de vino. Viene entonces la criada y retira el pollo, ya completamente arruinado. Al pasar junto a mí, hace una pequeña inclinación y caen unas gotas de grasa en mi pantalón.

- ¡Jesús, José y María! -exclama la esposa, poniéndose pálida.
- ¡No ha sido nada, señores! -dice Braulio. -¡No ha sido nada!

IV

¿Hay más torturas? ¡Santo cielo! Sí. Doña Juana me da con su tenedor un pastelito que tengo que aceptar; el señor gordo fuma como una chimenea. Por fin, ¡último desastre! comienzan los versos infantiles y los **discursos**. Ahora tengo yo que improvisar un discurso. Digo que no. Ellos insisten. -¡No, no! -¡Sí, sí! Hablo y digo estupideces.

Al fin puedo escaparme. Ya estoy en la calle tomando el aire fresco. No puedo pensar. Tengo en la memoria una horrible confusión: el niño con su artillería, el señor gordo que fuma, un pollo furioso, ruidos, aplausos, humo... ¡No más comidas a la española! No, no más.

Adaptado de Mariano Jose de Larra: *El castellano viejo*

1. Expresiones y léxico

alterar: cambiar la esencia o forma de una cosa.
arrepentirse: pesarle a alguien haber hecho o haber dejado de hacer alguna cosa.
frac: vestidura de hombre, que por delante llega hasta la cintura y por detrás tiene dos faldones más o menos anchos y largos.
aceitunas: fruto de olivo.
autopsia: examen anatómico del cadáver.
inofensivo: que no puede causar daño ni molestia.
inundar: cubrir el agua los terrenos y a veces las poblaciones.
discurso: serie de las palabras y frases empleadas para manifestar lo que se piensa o siente.

2. Actividades de comprensión

1. ¿Qué no le gusta alterar al autor?
2. ¿Qué ocurrió cuando el autor iba por la calle?
3. ¿Cómo se ríe Braulio?
4. ¿Qué día es mañana, según Braulio?
5. ¿A qué hora se come a la española?
6. ¿A qué hora se sentaron a comer?
7. ¿Cómo es la chaqueta de Braulio?
8. ¿Qué expresiones de cortesía se oyen durante la comida?
9. ¿Qué hace el niño con las aceitunas?
10. ¿Qué había hecho el señor gordo?
11. ¿Qué hacía el señor de enfrente?
12. ¿En dónde cae el furioso animal?
13. ¿Qué hace doña Juana?
14. ¿Qué tiene que hacer Fígaro después de la comida?

Lección 27

La gastronomía y los negocios

La **hospitalidad,** cualidad común a todos los países hispanohablantes, se demuestra en las reuniones informales de negocios, las cuales casi siempre ocurren alrededor de la comida. La manera de preparar y servir los alimentos constituye uno de los grandes aspectos que definen a cada pueblo y cada cultura. La preferencia de unos alimentos está condicionada por la situación geográfica y climática de cada comunidad: el ceviche peruano, la empanada gallega, los tacos de puerco mexicanos, el gazpacho andaluz, el pastel de choclo chileno, los moros y cristianos cubanos, o el ajiaco colombiano son peculiaridades gastronómicas que conforman la identidad cultural de cada comunidad y con los que se identifican sus habitantes. Pero no sólo en cada país existen diferentes platos, sino que éstos varían en cada región, o incluso en cada comarca. La negativa a probar estos alimentos se interpreta como un rechazo hacia una importante parte de la cultura. Un nativo puede incluso ofenderse cuando el extranjero rehúsa a **degustar** su comida típica.

Las diferencias de vocabulario son abundantes en relación a la gastronomía. En España, por ejemplo, se llama 'camarero/a' a la persona que trabaja en un establecimiento donde se sirve comida o bebida; en México, en cambio, se usa el término 'mesero' y en otros países latinoamericanos se prefiere decir 'mozo'. Mientras que en España se denomina cena a la comida de la noche, en Perú se utiliza el término genérico 'comida'. También en cada país existen diferentes establecimientos donde tienen lugar las reuniones informales de negocios, o bien diferentes denominaciones de alguno de estos lugares. Así, en Buenos Aires o Montevideo se frecuentan las cafeterías, donde, además de café y torta, sirven el típico **mate** por la mañana o por la tarde. En Chile, Perú, Bolivia, Ecuador o México, en cambio, no se utiliza el término cafetería; se va a un restaurante a tomar un café. En Colombia se toman 'las medias nueves' a media mañana y 'las onces' por la tarde, que consisten en un café con un pequeño **bocado**. En España se va a un bar o a una cafetería a tomar un **aperitivo** o un café, mientras que en las islas caribeñas se prefiere la cantina. No obstante, reunirse a cenar o almorzar en un restaurante es común en todos los países. Las invitaciones a la casa sólo ocurren cuando existe cierta amistad previa entre los profesionales de los negocios.

1. Expresiones y léxico

hospitalidad: buena acogida y recibimiento que se hace a los extranjeros o visitantes.
degustar: saborear, probar alimentos.
mate: infusión de yerba mate.
bocado: porción de comida que cabe de una vez en la boca. Un poco de comida.
aperitivo: que sirve para abrir el apetito.

2. Actividades de comprensión

1. ¿En dónde se demuestra la hospitalidad de los hispanohablantes?
2. ¿Cuál es uno de los grandes aspectos de definir a cada pueblo y a cada cultura?
3. ¿Cuáles son los factores que influyen en la preferencia de los alimentos?

4. ¿Qué significa el rechazo a probar algunos de estos alimentos?
5. ¿Cuáles son las otras palabras que usan para el 'camarero'?
6. ¿Qué palabra se usa en Perú al hablar de la 'cena'?
7. ¿Qué se puede tomar en las 'cafeterías'?
8. ¿Qué son las 'medias nueves' y las 'onces'?
9. ¿Cuándo ocurren las invitaciones a la casa?

Refranes, frases y dichos populares

- No hay plazo que no llegue ni deuda que no se pague.
- No hay bien ni mal que cien años dure.
- Dios los cría y ellos se juntan.

Lección 28

Los tres cuervos

I

- ¡Mi general!
- ¡Mi coronel!
- Es mi deber comunicarle que ocurren cosas muy extrañas en el campamento. Sé, de una manera positiva, que uno de nuestros soldados se sintió ligeramente enfermo; después experimentó terribles dolores porque tenía tres cuervos vivos en el estómago.
- ¿Tres qué?
- Tres cuervos, mi general.
- ¡Canastos!
- ¿No cree usted que éste es un caso muy extraño?
- ¡Extraño, sí!
- ¿Y qué le parece a usted?
- ¡Coronel, no sé qué decir! Voy a comunicarlo en seguida al Ministerio de la Guerra. Con que son...
- Tres cuervos, mi general.
- Pero, ¿está usted seguro?
- Sí, mi general; son tres cuervos.
- Usted los vió, ¿no es verdad?
- No, mi general; pero son tres cuervos.
- Es posible. ¿Quién le informó a usted?

- El comandante Epaminondas.
- Hágale venir en seguida, mientras yo transmito la noticia.
- En seguida, mi general.

II

- ¡Comandante Epaminondas!
- ¡Presente, mi general!
- ¿Qué historia es esa de los tres cuervos que tiene uno de nuestros enfermos?
- ¿Tres cuervos?
- Sí, comandante.
- Yo sé de dos, mi general; pero no de tres.
- Bueno, dos o tres, poco importa. Sólo deseo saber si en realidad son cuervos.
- Sí, mi general.
- ¿Dos cuervos?
- Sí, mi general.
- ¿Y cómo ha ocurrido eso?
- Pues, la cosa más sencilla del mundo, mi general. El soldado Pantaleón tiene una novia en su pueblo que, según dicen, es una morena **con** mucha **sal... y pimienta.** ¡Que ojos, mi general!... ¡Parecen dos estrellas! ¡Qué boca! ¡Qué sonrisa! Tiene un hoyito delicioso en cada mejilla, y...
- ¡Comandante!
- ¡Presente, mi general!
- Omita todo detalle inutil.
- ¡A la orden, mi general!
- Pues bien: el muchacho estaba triste pensando en ella, y no quería comer nada, hasta que cayó enfermo del estómago, porque dicen que tenía dos cuervos en el estómago...
- ¿Los vió usted?

- No, mi general. Yo sólo repito lo que oí.
- ¿Y quién le dió a usted la noticia?
- El capitán Aristófanes.
- ¡Al fin...! Quiero hablar con él inmediatamente.
- ¡En seguida, mi general!

Ⅲ

- ¡Capitan Aristófanes!
- ¡Presente, mi general!
- ¿Cuántos son los cuervos del soldado Pantaleón?
- Uno, mi general.
- El comandante dice que son dos, y antes me habían dicho que eran tres.
- No, mi general, es sólo uno, afortunadamente; pero me parece que uno basta para considerar el caso como un fenómeno singular.
- Creo lo mismo, capitán.
- El cuervo, mi general, es algo muy común, si lo consideramos desde el punto de vista zoológico. ¿Qué es el cuervo? No debemos confundirlo con el cuervo europeo, que es el *corvus corax* de Linneo. La especie que conocemos aquí está incluída en otra familia; pero diferente del *vultur papa,* del *catartus,* y aún del *californianus.* Sin embargo, algunos zoólogos creen...
- ¡Capitan!
- ¡Presente, mi general!
- ¿Estamos en una clase de historia natural?
- No, mi general.
- Entonces, a nuestro asunto: el cuervo del soldado Pantaleón.
- Es un hecho positivo, mi general.
- ¿Lo vió usted?
- No, mi general, pero lo supe por el teniente Pitágoras, quien fue testigo del hecho.

- Está bien. Quiero ver en seguida al teniente Pitágoras.
- Muy bien, mi general.

IV

- ¡Teniente Pitágoras!
- ¡Presente, mi general!
- ¿Qué sabe usted del cuervo...?
- ¡Oh, mi general! El caso es raro, pero ha sido muy exagerado.
- ¿Cómo?
- Porque no es un cuervo **entero** sino una parte de un cuervo solamente. El soldado Pantaleón sólo se había comido una ala de cuervo. Yo, como es natural, me sorprendí mucho, y fuí a informar a mi capitán Aristófanes; pero parece que él no oyó la palabra *ala*, y creyó que era un cuervo entero; él llevó la noticia a mi comandante Epaminondas, quien entendió que eran dos cuervos; llegó después la noticia al coronel Anaximandro, quien creyó que eran tres.
- Pero... ¿y esa ala...?
- Yo no la he visto, mi general, pero el sargento Esopo, sí.
- ¡Ah, diablos! ¡Llame al sargento Esopo!

V

- ¡Sargento Esopo!
- ¡Presente, mi general!
- ¿Qué tiene el soldado Pantaleón?
- Está enfermo, mi general.
- Pero ¿qué tiene?
- Dolores de estómago, mi general.
- ¿Desde cuándo?
- Desde ayer, mi general.

- ¿Y qué historia es esa del ala del cuervo?
- Él no se ha comido ninguna ala, mi general.
- Entonces,... borrico... ¿por qué has dado la noticia de que el soldado Pantaleón había comido una ala de cuervo?
- Con perdón, mi general, cuando era chico aprendí unos versos que dicen:

Yo tengo una muchachita
Que tiene los ojos negros,
Y negros son sus cabellos
Como las alas del cuervo.
Yo tengo una muchachita...

- ¡Basta, animal!
- Bueno, mi general, lo que pasó fue que cuando vi a mi compañero enfermo, me acordé de los versos, y dije que seguramente se había comido algo ≪como las alas del cuervo.≫
- ¡Diablos!
- Eso fue todo, mi general.
- ¡Retírate en seguida!

El bravo jefe se dió un golpe en la frente y dijo:

- ¡Buena la hemos hecho! ¡Creo que puse cinco o seis cuervos en mi información al Ministerio!

Adaptado de Jose A. Campos: *Los tres cuervos*

1. Expresiones y léxico

canastos: interjeción con que se indica sorpresa.
con sal y pimienta: con cierto donaire y gracia picante.
entero: completo, cabal.

2. Actividades de comprensión

1. ¿Dónde ocurren cosas muy exrañas?
2. ¿Cómo se sintió uno de los soldados? ¿y luego?
3. ¿Qué tenía el soldado en el estómago?
4. ¿Qué tiene el soldado Panaleón en su pueblo?
5. ¿Cómo es la novia del soldado?
6. ¿Se había comido una ala el soldado?
7. ¿Qué aprendió el sargento cuando era niño?
8. ¿Cuántos cuervos puso el general en su información?
9. ¿Había comido cuervos el soldado?

Lección 29

Fray Perico

Fray Perico era un hombre demasiado sencillo, pero tenía el corazón de manteca. Estaba fray Pirulero enfermo. Llevaba un mes en la cama y **daba una lata** tremenda.

- Fray Perico, tráeme la botella, tráeme la almohada, tráeme la cataplasma, llévate este plato...

Le dolía todo: la cabeza, los pies, las manos, el riñón, el corazón, la nariz, las orejas, los dedos... Por la noche, fray Pirulero no podía dormir si fray Perico no le contaba un cuento. Una noche se despertó y dijo medio dormido:

- Me gustaría tomar una sopa de **rabo** de vaca.

Fray Perico no lo pensó un momento. Por la mañana tomó un cuchillo, abrió la puerta y se fue al monte. Vió unas vacas **pastando**, se acercó **de puntillas** y, ¡zis, zas!, les cortó la cola. Las dos vacas salieron corriendo detrás de fray Perico, bufando y resoplando. Fray Perico corría cuesta abajo camino del convento. Fray Cipriano, el **hortelano**, venía cantando por el camino con un cesto de tomates, tiró los tomates y salió de estampía. Fray Sisebuto estaba encendiendo la fragua, dió un **brinco** y subió por la chimenea. Fray Olegario, el viejecito, paseaba con su bastón, tiró el bastón y se subió a un árbol. Los demás frailes paseaban tranquilamente delante de la puerta del convento leyendo un libro, dejaron los libros y se subieron al campanario.

Fray Perico llegó al convento, dió un salto y se metió por la ventana de la cocina. Las vacas dieron otro salto y se metieron detrás. ¡Qué susto se dio fray Pirulero, que estaba haciendo una tortilla en la sarten! Lanzó la tortilla al aire y se pegó en el techo. Fray Pirulero dió un brinco y se metió en la **carbonera** con sartén y todo. El gato, al ver lo que se le venía encima, dió un bufido y desapareció. Siguió fray Perico corriendo por el **claustro** y salió al campo por otra puerta. A toda prisa la cerró. Llegaron las vacas y se llevaron las puertas por delante, haciéndolas **astillas**. Finalmente se perdieron en el horizonte entre una nube de polvo. En esto llegó el **pastor**, enfurecido, y empezó a romper cristales y a llamar ladrones a los frailes.

- ¡Irán todos a la cárcel! -gritó a lo lejos.

Cuando llegó fray Perico, todo lleno de rotos, le regañaron mucho y le mandaron que pidiera perdón al pastor y a las vacas. Fray Perico se puso de rodillas delante del pastor y éste empezó a darle patadas. Fray Perico le animaba diciendo:

- Pégame más. Lo he merecido.

Al fin, el pastor se aplacó al ver la humildad de fray Perico y le dió un abrazo. El fraile se acercó a las vacas, les dió un beso en los **morros** y se fue al convento. Coció los rabos e hizo una sopa muy buena. Fray Pirulero se la tomó y se **chupó los dedos**.

Fray Pirulero se curó y fray Perico fue a dar gracias a San Francisco. Luego le pidió por las vacas:

- San Francisco, te pido que les crezca el rabo.
- ¡Vaya cosas que pides!
- ¡Claro! Si no, ¿cómo se podrán **espantar** las moscas?
- Es verdad. Pediré por ellas.

El santo se puso a rezar y, a los pocos días, a las vacas les salió una cola larga y muy bonita.

1. Expresiones y léxico

dar la lata: molestarlo, importunarlo, fastidiarlo con cosas inoportunas o con exigencias continuas.
rabo: cola.
pastar: llevar o conducir el ganado al pasto.
de puntillas: andar pisando con las puntas de los pies y levantando los talones.
hortelano: el que por oficio cuida y cultiva huertas.
brinco: salto
carbonera: lugar donde se guarda carbón.
claustro: galería que cerca el patio principal de una iglesia o convento.
astillas: fragmento irregular que salta o queda de una pieza u objeto de madera que se parte o rompe violentamente.
pastor: persona que guarda, guía y apacienta el ganado.
morro: parte de la cabeza de algunos animales en que están la nariz y la boca.
chupar los dedos: comer, decir, hacer u oír una cosa con mucho gusto.
espantar: causar espanto, dar susto.

2. Actividades de comprensión

1. ¿Qué significa 'corazón de manteca'?
2. ¿Qué tenía que hacer el fray Perico para que el fray Pirulero pudiera dormir?
3. ¿Porqué el fray Perico les cortó la cola a la vacas?
4. ¿Qué hizo el fray Cipriano cuando vió que venía corriendo el fray Perico y las vacas?
5. ¿Qué hizo el fray Sisebuto?
6. ¿Qué hizo el fray Olegario?

7. ¿Qué hicieron los demás frailes?
8. ¿Qué pasó con la tortilla del fray Pirulero?
9. ¿Porqué el pastor le dió un abrazo al fray Pirulero?
10. ¿Porqué a las vacas les salió una cola larga y muy bonita?

Lección 30

Comunicación no verbal

Abrazos y besos

En las culturas hispánicas se valora mucho el contacto físico. Aunque sea sólo una mirada o un apretón de manos, es suficiente para demostrar el **aprecio** hacia el otro. Se acostumbra estrechar la mano al saludar, pero no extendiendo el brazo desde lejos, sino acercándose. Una distancia física inicial de más de un metro se podría traducir en frialdad y distancia psicológica.

Si los dos profesionales se conocen desde hace tiempo se dan un abrazo o dos golpes en la espalda, en caso de que sean dos hombres, y se besan en la mejilla si son dos mujeres; en España se dan dos besos y en Hispanoamérica uno. Entre hombres y mujeres es preferible estrechar la mano hasta que la relación personal sea más estable.

La vestimenta

La apariencia física constituye una parte importante de las culturas hispánicas. La **indumentaria** como parte de la apariencia externa se valora mucho. Ésta determina el sentido de la **estética** y la personalidad del individuo. En las reuniones informales de negocios se requiere un cierto **protocolo** en la ropa. Aunque en los EEUU se tienda más a la informalidad y se acepte la asistencia a una cena con zapatos de deporte o pantalones cortos, en los países hispanohablantes se debe respetar una cierta etiqueta dependiendo del tipo de ceremonia que sea y dónde ocurra. El llevar ropa elegante nunca dañará la imagen del profesional de los negocios. En cambio, el parecer demasiado informal puede indicar una falta de respeto hacia el anfitrión.

El ejecutivo extranjero debe preguntar dónde tiene lugar la reunión para evitar complicaciones posteriores. Si ocurre en un restaurante o un club privado se aconseja que lleve un traje y zapatos de piel (a no ser que se indique lo contrario), porque a veces en lugares exclusivos no se permite la entrada sin cierta etiqueta. Cuando el hispano afirma que la ropa es "de sport o casual" quiere decir que no es necesaria la corbata ni el traje, pero no que se puede ir con indumentaria playera.

Regalos

Otro elemento significativo que forma parte de la comunicación informal es el regalo. Cuando un ejecutivo viaja al extranjero puede llevar un recuerdo de su país o región como **obsequio** a su colega. Regalar tabaco está bien visto, pero depende de que el colega fume o no. No se deben hacer regalos demasiado caros porque el hispano se sentirá obligado a pagar de alguna manera.

Para las invitaciones a la casa familiar se pueden llevar flores para la señora o chocolates para los niños. Es preferible evitar las flores que normalemnte decoran el cementerio como azucenas, caléndulas, crisantemos o dalias. También hay que tener cuidado con los colores porque en Centroamérica, por ejemplo, el color blanco se conecta con la muerte y en México el amarillo. Tampoco se debe regalar 13 flores porque éste es el número de la mala suerte en muchos países.

La sobremesa

Uno de los momentos más placenteros para los hispanohablantes es la conversación que tiene lugar después de una buena comida. Nunca conviene marcharse de inmediato al terminar de comer. Esto indicaría una falta de **delicadeza**. La sobremesa se aprovecha para fumar, tomar un café, una copa de licor y conversar. Normalmente ésta es la ocasión propicia para hablar de los temas propiamente comerciales. La sobremesa puede durar desde media hora hasta toda la tarde, dependiendo del tiempo libre del que se disponga y del entusiasmo con que se desarrolle la tertulia.

1. Expresiones y léxico

aprecio: estimar, reconocer.
indumentaria: vestimenta de persona.
estética: ciencia que trata de la belleza y de la teoría fundamental y filosófica del arte.
protocolo: regla ceremonial.
obsequio: regalo.
delicadeza: ternura, suavidad, escrupulosidad.

2. Actividades de comprensión

1. ¿Porqué se valora mucho el contacto físico en las culturas hispánicas?
2. ¿En qué se podría traducir una distancia física de más de un metro?
3. ¿Cómo se saludan entre los hombres que se conocen?
4. ¿Cómo se saludan entre las mujeres?
5. ¿Cómo se saludan un hombre y una mujer cuando no se conocen bien?
6. ¿Porqué el llevar ropa elegante nunca dañará la imagen profesional de negocios?
7. ¿Qué se aconseja llevar si la reunión tiene lugar en un restaurante o un club privado?

8. ¿Porqué no se deben hacer regalos demasiados caros?
9. ¿Cuál sería el regalo aconsejable para la señora y, cuál para los niños cuando recibe una invitación a la casa?
10. ¿Qué es la sobremesa?

Lección 31

Pepita Jimenez

19 de mayo

Gracias a Dios y a usted por las nuevas cartas y nuevos **consejos** que me envía. Hoy los necesito más que nunca.

Es cierto; ya no puedo negárselo a usted. Yo no debí poner los ojos con tanto placer en esta mujer peligrosísima.

No me considero perdido; pero estoy muy preocupado.

Como el animal con sed busca la fuente de las aguas, así mi alma busca a Dios todavía, y a Dios se vuelve para que le de valor y descanso.

No era un sueño, no estaba loco; era realidad. Ella me mira a veces con la mirada de fuego de que le he hablado a usted. Sus ojos tienen un atractivo enorme; me **atraen,** me enamoran, y se fijan en ellos los míos. Mis ojos deben tener entonces tanto fuego como los suyos. Y al mirarnos así, hasta de Dios me olvido.

Cuando vuelvo a casa, cuando me quedo solo en mi cuarto, en el silencio de la noche, comprendo que mi situación no puede ser más horrible y me **propongo** evitar el peligro, pero luego no lo consigo.

Me prometo a mi mismo hacerme pasar por enfermo, buscar cualquier disculpa para no ir a casa de Pepita a la noche siguiente, y sin embargo voy.

Mi padre, lleno de confianza, sin imaginar lo que pasa en mi alma, me dice cuando llega la hora:

- Vete a la reunión de Pepita. Yo iré más tarde, cuando termine con el administrador.

Yo no hallo la **disculpa** y en vez de contestar: 'no puedo ir', tomo el sombrero y voy.

Al entrar, Pepita y yo nos damos la mano y al dármela todo en mí cambia. Mi corazón se llena de fuego y ya no pienso más que en ella. Tal vez soy yo mismo quien **provoca** las miradas si tardan en llegar. La miro con loco exceso, llevado por una fuerza contra la que no puedo luchar, y con cada mirada creo descubrir en ella nuevas bellezas: su elegante cuello, sus orejas tan pequeñas, su pelo suave...

Entro en su casa, casi sin quererlo, como llamado por una fuerza que puede más que yo; y en cuanto lo hago, caigo bajo el poder de su belleza.

Sus palabras me parecen música y hasta imagino sentir el suave olor de su limpio cuerpo.

No sé como consigo jugar a las cartas ni hablar correctamente, porque en esos momentos sólo puedo pensar en ella. Desde el día en que ví a Pepita en el Pozo de la Solana, no he vuelto a verla a solas. Nada le he dicho ni me ha dicho ella, y, sin embargo, nos lo hemos dicho todo.

Cuando estoy solo por la noche en mi habitación y pienso fríamente en todo esto, veo abierto a mis pies el **agujero** negro en el que lentamente voy cayendo.

Me recomienda usted que piense en la muerte; no en la de esta mujer, sino en la mía. Me recomienda usted que piense que nada dura en esta vida y que otra nos espera más allá. Pero ¿cómo temer a la muerte cuando espero morir? El amor y la muerte son hermanos. Una voz **íntima** me dice que todo mi ser debe darse y perderse por el ser amado. Quisiera desaparecer en la luz de sus ojos, quedarme muerto mirándola aunque me costara el cielo.

No, sólo otro amor puede aún salvarme: el amor a Dios, que trato de elevar por encima del que Pepita en mí despierta.

Mi vida, desde hace algunos días, es una lucha constante. No sé cómo el mal que sufro no me sale a la cara. Apenas me alimento, apenas duermo.

No me queda más solución que escapar de aquí. Si en lo que falta para terminar el mes mi padre no me da su permiso y no viene conmigo, me escapo sin decir nada.

....

Después de largas horas de sufrimiento y confusión, don Luis decide confesarle a su padre, a don Pedro, sobre sus amores con Pepita. Pero Don Pedro, que ya estaba enterado sobre este amor, le enseña las cartas que se habían escrito entre él y el deán, el tío de don Luis.

Carta del deán:

Mi querido hermano:

Siento en el alma tener que darte una mala noticia. pero tengo confianza en que Dios te dará paciencia para que no te enfades demasiado. Luisito me escribe hace días, extrañas cartas donde descubro una pasión demasiado humana hacia cierta viudita, guapa y atractiva que hay en ese lugar. Yo creía segura la **vocación** de Luisito y me alegraba de dar en él a la Iglesia de Dios un sacerdote que sirviera de ejemplo. Sin embargo, sus cartas han venido a destruir mis ilusiones. Luisito se muestra en ellas más enamorado que futuro sacerdote y la viuda, que debe de ser hija del espíritu del mal, le hará caer con poco que haga. Esto no me importa ya mucho y es mejor que sus malas condiciones se descubran con tiempo y no llegue a ser sacerdote. Pero hay un problema mayor que me preocupa y es que tú pretendes por esposa a la misma mujer. Sería muy malo que tu hijo fuese enemigo tuyo. Para que este problema no se produzca, te escribo hoy **a fin de que** envíes o traigas aquí a Luisito lo antes posible.

Respuesta:

Hermano querido y mi buen padre espiritual:

Mil gracias te doy por las noticias que me envías y por tus consejos.

Aunque me considero listo, confieso que en esta ocasión no lo he sido. El orgullo me tenía ciego. Pepita Jiménez, desde que vino mi hijo, se mostraba tan dulce y cariñosa que había aumentado mis esperanzas. Ha sido necesaria tu carta para hacerme caer en la cuenta. Ahora comprendo que al hacerme tantas fiestas no miraba en mí sino al papá del estudiante. No te lo negaré: me dolió un poco el darme cuenta; pero lo pensé bien, como persona madura, y mi dolor se convirtió en alegría. El chico es excelente y le he tomado mucho más cariño desde que está conmigo. Confieso también que no me gustaba mucho la idea de ver a Luisito convertido en padre de la Iglesia: yo no hubiera tenido entonces a nadie a quien dejar mis bienes ni mi nombre. Y tal vez fue eso lo que me dio la idea de casarme. Naturalmente, puse mis ojos en Pepita Jiménez, que no es hija de ningún espíritu del mal, sino una mujer hermosísima y buena. Tengo tan buena opinión de Pepita que, pese a mi orgullo herido, me llena de alegría pensar que si no me ama a mí, ama mi sangre, a mi hijo. Dios les dé lo mejor a los dos y sigan estos amores. Lejos de llevarte al chico, le haré quedarse aquí hasta **por la fuerza** si es necesario. Sueño ya con verle casado y con hijos. Y yo me sentiré joven mirando a la hermosa pareja unida por el amor.

Es más, no pienses que voy a quedarme esperando a ver si el amor tiene éxito, sino que trabajaré para que lo tenga. Buscaré ayuda en Antoñona, criada de Pepita, que es muy lista y ama mucho a su señora. Ella ha hablado ya conmigo y por ella sé que Pepita está muerta de amores. Nos hemos puesto de acuerdo para que yo siga haciendo como si no viera ni me enterara de nada. Y el padre vicario, tan inocente, se ha convertido en nuestra mejor arma, porque siempre está hablando de Luis con Pepita y de Pepita con Luis. Tan excelentes ayudas tienen que dar un resultado extraordinario. Ya te lo diré al darte noticias de la boda, para que vengas a felicitar a los novios o les envíes un buen regalo.

Un fragmento de Juan Valera: *Pepita Jimenez*

1. Expresiones y léxico

consejo: parecer o dictamen que se da o toma para hacer o no hacer una cosa.
atraer: ganar una persona o cosa la voluntad, afecto, gusto o atención de otra.
proponer: determinar o hacer propósito de ejecutar o no una cosa.
disculpa: razón que se da o causa que se alega para excusar o purgar una culpa.
provocar: incitar, inducir a uno a que ejecute una cosa.
agujero: abertura más o menos redondeada en alguna cosa.
íntimo: lo más interior o interno.
deán: en la Iglesia católica, cargo inmediatamente inferior al de obispo.
vocación: inspiración con que Dios llama a algún estado, especialmente al de religión.
a fin de que: con objeto de que; para.
por la fuerza: violentamente; contra la propia voluntad.

2. Actividades de comprensión

1. ¿Porqué está preocupado don Luis?
2. ¿Porqué piensa que su situación es horrible?
3. ¿Cómo es el aspecto físico de Pepita?
4. ¿Porqué dice que el amor y la muerte son hermanos?
5. ¿Cómo se entera don Pedro del amor de su hijo con Pepita?
6. ¿Qué decide hacer don Pedro?

Refranes, frases y dichos populares

- Ojo por ojo, diente por diente.
- Aunque la mona se vista de seda, mona se queda.
- De tal palo, tal astilla.

Lección 32

Sangre y arena

Como todos los días de la corrida, Juan Gallardo comió temprano. Un poco de carne asada fue su único plato y no quiso siquiera probar el vino. Bebió dos tazas de café muy negro y encendió un puro enorme.

Le gustaba, en los días de la corrida, después de comer, quedarse un rato sentado y observar a la gente que iba y venía por el comedor del hotel. Así pasaba Juan Gallardo los momentos más duros, el largo tiempo hasta la hora de ir a la plaza.

Solo en su cuarto, sintió que llegaban los malos momentos, las últimas horas antes de ir a la plaza. Nervioso, encendió otro puro con el anterior. Miró otra vez el reloj. ¡Qué lento pasaba el tiempo!

Buscó en el bolsillo de su chaqueta y sacó un pequeño sobre escrito con letra elegante. La carta estaba perfumada. ¡Qué maravilloso olor! La carta no decía demasiado: «Mucha suerte en Madrid. Felicidades por el éxito seguro de la tarde». Si se perdía nadie podría pensar mal de la mujer que la firmaba. Empezaba con un amable pero formal «Amigo Gallardo» y terminaba con «Su amiga Sol». Gallardo sonrió al leerla. Las palabras frías eran sólo para las cartas. Costumbres de gran señora.

- ¡Lo que sabe esta mujer!... -dijo el diestro para sí.

Garabato, el **mozo de estoques**, entró en la habitación a preparar la ropa del **maestro**. Garabato era un antiguo compañero de Gallardo. Había comenzado en Sevilla, toreando en las **capeas** al mismo tiempo que el diestro. Pero no tuvo suerte. Una **cornada** le dejó una larga herida, un «garabato». Llegó también el doctor Ruiz, un médico muy querido entre los toreros. Mientras los dos hombres hablaban sobre la corrida, Gallardo se quitó el traje, quedando en ropa interior. Garabato afeitó por segunda vez al maestro y le arregló el pelo. Después le hizo cuidadosamente la querida coleta.

Garabato se ocupó de los pies del maestro: puso algodones entre sus dedos y le envolvió los pies con más trozos de algodón. Después le colocó las medias blancas y, sobre ellas, otras de seda de color rosa. Gallardo eligió un par de zapatillas y metió en ellas sus pies. Ahora podía empezar a vestirse.

Después del rico traje de seda, y de la suave camisa, quedaba lo más complicado: la **faja** de seda de algo más de cuatro metros. Sobre ésta iba el **chaleco** y, encima, la **chaquetilla**, pesada y con **luces**. Se puso luego la **montera** y finalmente el **capote**. Gallardo se miró al espejo. No estaba mal... ¡A la plaza!

A la puerta del hotel lo esperaba, en un coche, su **cuadrilla**. Cuando se marchaban hacia la plaza, oyeron gritos de entusiasmo:

- ¡Olé los hombres valientes...¡ ¡Viva España!

Por fin, el coche pudo llegar a la plaza. También allí se levantaron gritos de entusiasmo. El torero entró en la capilla. Pidió ayuda a la Virgen de la Paloma y pensó en Carmen, su mujer, y en su madre, doña Angustias. Ahora él iba a ser bueno, iba a olvidar «lo otro»...

Aún con la emoción en los ojos, Gallardo fue a la **puerta de caballos**. Allí esperaban en orden los toreros: primero los maestros, luego los **banderilleros** y, detrás, en sus caballos, los **picadores**. Los toreros estaban pálidos y graves. Pensaban en la arena, en las horas de peligro que los esperaban. La sombra de la muerte siempre cerca...

En la arena, los toreros se sentían otros. Todas sus preguntas habían quedado atrás. Ya pisaban el **redondel**. Ya estaban delante del público. Llegaba la realidad.

Gallardo se movía como un hombre al que acompañan la fuerza y el éxito. Se sentía capaz de matar todos los toros de Andalucía y de Castilla. Sólo a él lo aplaudían, estaba seguro. Era el centro de todas las miradas. Y, en verdad, todos esperaban de Gallardo hondas emociones. Porque a él le gustaba el riesgo. Nadie se acercaba a los toros como él, nadie jugaba tanto con la muerte. Todos creían que su destino era morir en la plaza. Por eso lo aplaudían con entusiasmo.

Empezó la música y salió el primer toro. No era para él. Gallardo esperó el suyo, mirando con poco interés lo que pasaba en la arena.

Salió el segundo toro y Gallardo pareció llenar la plaza. Su capote estaba siempre cerca de la cabeza del animal.

Después de las **banderillas** que puso el Nacional, un banderillero diez años mayor que él, tomó Gallardo la **muleta** que le ofreció Garabato, su mozo de estoques.

- ¡Olé el niño de Sevilla! ¡Ahora van a ver la verdad! -gritaban los aficionados.

Después de los gritos, un silencio profundo cayó sobre la plaza.

Lentamente, Gallardo abrió su muleta y se acercó hasta casi tocar el toro. Unos **pases**. ¡Olé! Otros más. Toda la plaza gritaba entusiasmada.

Gallardo parecía borracho de peligro. Sintió que llegaba el momento. ¡Ahora...! Entró a matar demasiado pronto y la bestia cayó sobre él. Toro y torero chocaron con un fuerte golpe. Durante un momento fueron un solo cuerpo. Así marcharon juntos unos segundos: el hombre con un brazo y parte del cuerpo metido entre los cuernos; el animal bajando la cabeza e intentando alcanzar a ese muñeco de oro y colores.

El torero salió de entre los cuernos del toro casi cayéndose. El toro siguió su carrera hacia él. Sobre su ancho cuello casi no asomaba el **estoque,** bien metido, profundo. De pronto, el animal se paró, se agachó hasta tocar la arena con la lengua y, finalmente se acostó temblando en el suelo.

Todo el mundo aplaudía. Parecía que la plaza iba a caerse. La gente se ponía en pie, pálida. ¡El toro había muerto!...¡Qué *estocada*! Por unos segundos todos habían pensado que el maestro no iba a salir con vida. Ahora lo veía en pie y su sorpresa y entusiasmo eran enormes. Los sombreros de los aficionados volaban sobre la arena y llovían los aplausos.

Gallardo, desde la arena, saludó al presidente de la plaza. El público gritaba, pidiendo la oreja del toro para el **diestro**.

En la plaza la gente comentaba con pasión su **faena**. Ahora, sin la emoción que todos habían sentido, los aficionados que preferían a otros diestros discutían: «Sí, Gallardo es un valiente, un loco... Pero aquello no es arte». Los amigos del torero les contestaban furiosos. En alguna parte de la plaza la policía tuvo que poner orden.

Los demás toreros apenas despertaron la atención del público. Sólo las banderillas de Fuentes, uno de los matadores, consiguieron grandes aplausos.

El quinto toro era también para Gallardo. El diestro entró en el redondel más valiente que nunca. La sorpresa de la gente fue enorme cuando vio que quitaba las banderillas al Nacional y que con ellas iba hacia la fiera.

-¡No!¡No!

El doctor Ruiz gritó:

- Deja las banderillas, niño. Tú sólo sabes la verdad... ¡Lo tuyo es matar!

Gallardo no le hizo caso y se fue derecho al toro. El par estaba mal puesto y una de las banderillas cayó en la arena. Sin oír los gritos de la gente, que temía por su vida, Gallardo tomó otro par. Luego, repitió por tercera vez. La gente estaba loca de entusiasmo: «¡Qué hombre! ¡Qué valiente!»

De las seis banderillas, el toro se quedó con sólo cuatro y tan débiles que la bestia parecía no sentirlas.

- ¡Está muy entero! -gritaron los aficionados cuando vieron que Gallardo se preparaba para matar.

- ¡Fuera todos! -gritó Gallardo.

Fuentes lo siguió, adivinando un peligro seguro.

- ¡Déjeme usted, Antonio! -dijo Gallardo.

Se acercó al toro. Un pase. ¡Olé! -rugían los aficionados-. Pero el toro se volvió de pronto y cayó sobre el matador con tanta fuerza que hizo caer la muleta de sus manos.

Gallardo recogió la muleta y el estoque, arregló cuidadosamente el trapo rojo y se acercó de nuevo al toro. Los aficionados gritaban, temiendo otra vez por su vida:

- ¡No, no!... ¡Aaay!

Al tirarse sobre el toro, el matador había quedado colgado de uno de los cuernos, como un pobre muñeco. La poderosa bestia lo tiró por fin a varios metros de distancia. Cayó el torero sobre la arena, como una rana de seda y oro.

- ¡Lo ha matado! -gritaba el público.

Pero Gallardo se levantó del suelo. Sonreía tranquilo. Volvió a coger los **trastos de matar.** ¡O el toro o él! El torero veía rojo. Creía tener los ojos llenos de sangre. Escuchaba, como algo que venía del otro mundo, las voces de la gente. Sólo dos pases al toro y rápidamente, casi volando, se tiró sobre él, dándole la estocada que sus amigos llamaban «de relámpago». La bestia se tumbó con la cabeza en la arena hasta que llegó el **puntillero** para acabar de matarla.

La plaza pareció volverse loca de entusiasmo. Hermosa corrida. Aquel Gallardo.. ¡qué valiente! ¡El primer matador del mundo!

Cuando cayó el último toro, los muchachos saltaron al redondel. Marchaban detrás de Gallardo, siguiéndolo hasta la puerta de salida. Lo empujaban intentando coger su mano, tocar su traje... Por fin, lo cogieron por las piernas y lo subieron en hombros, llevándolo así por el redondel y los pasillos fuera de la plaza. Gallardo se dejaba llevar como un dios.

En el coche, todavía pálido pero sonriendo, empezó a hablar con el Nacional, que se interesaba por su cogida.

- No ha sido *ná*... A mí no hay toro que me mate.

Alegre y feliz, quitaba ahora importancia a sus miedos de la tarde.

- Son cosas que me pasan antes de la corrida. *Ná* importante.

En el hotel lo esperaba un grupo de aficionados y amigos. Todos querían darle un abrazo.

- Has estado muy bien..., pero muy bien.

Gallardo salió al pasillo para hablar con Garabato.

- Ve a poner un telegrama a casa. Ya lo sabes: «Sin novedad».

Garabato contestó al maestro que él no podía. Tenía que ayudarle a desnudarse. Podían enviar el telegrama los empleados del hotel.

- No -dijo Gallardo-. Quiero que seas tú. Debes *poné* otro telegrama. *Pa* aquella señora, *pa* doña Sol. También «Sin novedad».

1. Expresiones y léxico

mozo de estoques: hombre que lleva los **estoques** y **capotes** de cada torero.
maestro: diestro, que hace su oficio con gran perfección.
capeas: corrida menor en la que aficionados -y algunas veces toreros profesionales- torean animales jóvenes poco peligrosos sólo con las capas, sin matar al animal.
cornada: herida hecha por el toro con los cuernos.
faja: banda de tela de seda que rodea la cintura del torero.
chaleco: chaqueta sin mangas, muy ajustada a la cintura, que el torero se pone encima de la camisa.
chaquetilla: chaqueta corta muy adornada.
luces: dibujos bordados en oro o plata, que adornan los trajes de los toreros y que brillan cuando les da el sol. De ahí el nombre de traje de luce**s.**
montera: prenda de traje de torero para cubrir la cabeza.
capote: capa, tela fuerte, por lo general rosa por un lado y amarilla por el otro, que se utiliza para torear durante la primera parte de la corrida.
cuadrilla: grupo de dos **picadores** y tres **banderilleros** que ayudan a cada matador. Todos son toreros.
puerta de caballos: puerta por la que salen al redondel los toreros y las cuadrillas al principio de la corrida. A partir de este momento, los caballos sólo podrán entrar y salir por esta puerta.
banderillas: palos de madera cubiertos con papeles de colores y con punta de metal. Se clavan en el cuello del toro para excitarlo. La persona encargada de poner las banderillas es el banderillero.

picador: uno de los toreros de la cuadrilla del matador. Siempre va a caballo y pica al toro con una pica, largo palo de madera con punta de metal, para ver si es bravo y para quitarle fuerza.
redondel: lugar de la plaza donde se torea, también llamado ruedo. El suelo del redondel está cubierto, en general, de arena amarilla.
muleta: tela roja, más pequeña que la capa, que el torero coge por un palo de madera que tiene en la parte superior. El matador torea con la muleta en la última parte de la corrida y se ayuda con ella para matar al toro.
pase: momento en que el torero hace pasar el toro por debajo de la muleta sin clavarle la espada.
estoque: espada utilizada por el matador.
diestro: matador, torero que mata toros, jefe de la cuadrilla.
faena: cada una de las acciones que realiza el torero durante la corrida, sobre todo los pases de muleta, antes de la estocada final.
trastos de matar: muleta y estoque.
puntillero: torero que, para asegurarse de que el toro ha muerto, le da la puntilla. La puntilla es un cuchillo que al clavarlo en un lugar concreto del cuello del animal, produce su muerte inmediata.

2. Actividades de comprensión

1. ¿Quién era Gallardo?
2. ¿Quién era Garabato y porqué le llamaban por ese nombre?
3. ¿Cómo se viste el torero?
4. ¿Porqué sobre el ancho cuello del toro casi no se asomaba el estoque?
5. ¿Porqué en alguna parte de la plaza la policía tuvo que poner orden?
6. ¿Cómo estaba el toro cuando Gallardo se preparaba a matarlo?
7. ¿Porqué el torero veía rojo?
8. ¿Qué hicieron los aficionados depués de que cayó el último toro de la tarde?
9. ¿Quién era doña Sol?

Refranes, frases y dichos populares

- Nunca es tarde para bien hacer; haz hoy lo que no hiciste ayer.
- Antes que te cases, mira lo que haces.
- Cada oveja con su pareja.

Lección 33

Comunicación informal

La rapidez y eficacia de las nuevas tecnologías ha hecho que gran parte de la tradicional correspondencia comercial en papel impreso esté desapareciendo de las empresas. Además de la velocidad con la que un mensaje electrónico llega al **receptor**, un **emisor** puede enviar su mensaje escrito a cientos de receptores simultáneamente por medio de un simple click con el ratón del ordenador. La comunicación entre emisor y receptores es casi inmediata. En cuestión de minutos éstos pueden contestar con su reacción al mensaje. Sin embargo, a diferencia de la comunicación telefónica, el receptor de un mensaje electrónico no está obligado a contestar de inmediato si no quiere.

Otra de las **peculiaridades** de los mensajes electrónicos es que la comunicación empresarial tiende a ser más informal que en las cartas impresas. Hasta tal punto que se podría afirmar que el correo electrónico está informalizando la comunicación empresarial. Es decir, parte de la comunicación escrita que hasta hace unos años debía seguir cierto protocolo comercial está siendo sustituída por comunicación informal, que a veces no cumple con ciertos requisitos mínimos de la comunicación comercial.

No obstante, hay ciertas características que forman parte del código del español de los negocios que no se deben olvidar al escribir un mensaje de esta **índole.** En primer lugar, cabe decir que si el mensaje corresponde al registro formal de la lengua, aunque sea electrónico debe seguir las mismas **pautas** que una carta tradicional. Esto significa que si un postulante a un nuevo puesto de trabajo decide hacerlo electrónicamente, el formato de su

currículum vitae y de la carta de presentación debe ser el mismo al de otro postulante que los envíe por correo regular. El caso es el mismo para cartas de pedido, de acuses de recibo, de reclamaciones, etc.

También, la comunicación electrónica que forma parte del registro informal de los negocios debe seguir ciertas pautas mínimas de protocolo que responden al contexto de la cultura hispana. Aunque el mensaje pertenezca al contexto informal de los negocios: ya sea un anuncio de una conferencia, un aviso de un evento, una invitación a cenar con un nuevo socio, o una consulta sobre los pormenores ante la llegada de un cliente, siempre conviene seguir cierta formalidad. Dependiendo de la relación profesional entre emisor y receptores del mensaje, se usarán fórmulas de saludo, así como de despedida, más o menos formales.

1. Expresiones y léxico

receptor: que recepta o recibe
emisor: persona que enuncia el mensaje en un acto de comunicación.
peculiar: propio o privativo de cada persona o cosa.
índole: naturaleza, calidad y condición de las cosas.
pauta: cualquier instrumento o norma que sirve para gobernarse en la ejecución de una cosa.
curriculum vitae: relación de los títulos, honores, cargos, trabajos realizados, datos biográfico, etc., que califican a una persona.

2. Actividades de comprensión

1. ¿Qué ha causado la rapidez y eficacia de nuevas tecnologías?

2. ¿Cómo es la comunicación entre emisores y receptores hoy en día?
3. ¿A qué no está obligado el receptor de un mensaje electrónico?
4. ¿Qué consecuencia ha traído el mensaje electrónico en la comunicación empresarial?
5. ¿Cómo debe ser el mensaje de un postulante a un nuevo puesto?

Refranes, frases y dichos populares

- Del dicho al hecho hay mucho trecho.
- Más vale tarde que nunca.
- Más vale ser cabeza de ratón que cola de león.

Lección 34

Cantarle las cuarenta al jefe

El pasado mes de abril 3.700 profesores de la Universidad Complutense de Madrid fueron evaluados por 36.000 alumnos que puntuaban de uno a siete en cuestiones como competencia en la materia, preparación de las clases, asistencia a las mismas, calidad de los exámenes.... La iniciativa, que fue recibida con regocijo por los estudiantes, no **ha salido** todo lo **bien** que se esperaba porque los datos de la encuesta no estaban bien almacenados en la cinta magnética.

Primero han sido los profesores, y ahora les **toca el turno** a los directivos de las empresas. Un programa de mejora de la eficiencia y efectividad de los ejecutivos ofrece un sistema por el que los subordinados evalúan a sus jefes. Existe una enorme diferencia entre cómo los directivos se ven a sí mismos y cómo los ven sus **curritos**. La evaluación es anónima, aunque se conocen las personas que la hacen. La empresa que desarrolla este programa, Effective Management Systems, explica que donde existe una persona que dirige a otras es inevitable que exista una divergencia vertical de opinión y evaluación.

La clave de este programa reside en ofrecer a los cargos de responsabilidad que se someten a él una retroinformación **acerca de** su comportamiento y del efecto que produce en los demás. Se intenta evitar la frustración de muchas brillantes carreras como directivos por **mirarse** demasiado **el ombligo**. Por desgracia, cuanto más asciende un ejecutivo, más afición le toma a esta práctica. Y más difícil resulta recibir una retroinformación. Esta carencia de datos acerca de su forma de desarrollar su labor profesional puede ser suplida por la evaluación anónima de la gente que trabaja a sus órdenes sobre 17 áreas distintas.

El programa es enfocado hacia el uso que el directivo hace de los cuatro estilos de liderazgo (dirigir, guiar, apoyar y delegar), y consiste en una reunión inicial entre el directivo, el consultor y los subordinados. Después, cada uno de los empleados se reúne con el consultor y completa un cuestionario de 60 preguntas en un ordenador. Este cuestionario también es contestado por el directivo. Una vez recibida la información, el consultor revisa los resultados y elabora su propio análisis con el ejecutivo.

La fase final es un estudio definitivo que identifica las fortalezas, debilidades, carencias, necesidades de desarrollo y sobrevaloraciones del directivo. Por otro lado, también se perfila un plan de acción para atacar los aspectos que van a tener un mayor impacto en la mejora de la actuación de su trabajo. Por último, el ejecutivo se reúne con aquellas personas que le han facilitado la retroinformación para establecer el compromiso ineludible de **llevar a cabo** un plan de seguimiento de su labor. Los más incrédulos ante este sistema de evaluación de abajo arriba comentan los riesgos de **ponerle nota** al jefe y las posibles represalias que ellos pueden tomar en contra de algunos trabajadores. "Aunque la evaluación es anónima, siempre hay reuniones de pasillo en las que uno puede enterar de quién ha sido el infeliz que le ha dado pocos puntos".

1. Expresiones y léxico

cantar las cuarenta a alguien: decirle claramente las quejas que se tienen de él.

salir bien/mal: dar buen/mal resultado.

tocar el turno: ser el momento en que corresponde a alguien hacer o recibir algo.

currito: trabajador.
acerca de: sobre.
mirarse el ombligo: complacerse consigo mismo.
llevar a cabo: realizar.
poner nota: dar una calificación en un exámen.

2. Actividades de comprensión

1. ¿Qué novedad se ha introducido en las universidades para controlar la calidad del profesorado?
2. ¿A quiénes les toca el turno ahora para ser evaluados?
3. ¿Cuál es la clave del programa Effective Management System?
4. ¿Hacia qué es enfocado el programa?
5. ¿Cuál es la fase final?
6. ¿Cuál serían los riesgos de evaluación de abajo arriba?

Refranes, frases y dichos populares

- Nadie diga "de esta agua no beberé."
- Más vale pájaro en mano que ciento volando.
- Cada loco con su tema.

Lección 35

El principito

Entonces apareció el zorro:

- Buenos días -dijo el zorro.
- Buenos días -respondió cortésmente el principito, que se dio vuelta, pero no vio nada.
- Estoy acá -dijo la voz -bajo el manzano...
- ¿Quién eres? -dijo el principito. -Eres muy lindo...
- Soy un zorro -dijo el zorro.
- Ven a jugar conmigo -le propuso el principito.
- ¡Estoy tan triste!...
- No puedo jugar contigo -dijo el zorro. -No estoy **domesticado.**
- ¡Ah! Perdón -dijo el principito.

Pero, después de reflexionar, agregó:

- ¿Qué significa 'domesticar'?
- No eres de aquí -dijo el zorro. -¿Qué buscas?
- Busco a los hombres -dijo el principito. -¿Qué significa 'domesticar'?
- Los hombres -dijo el zorro -tienen fusiles y cazan. Es muy molesto. También crían gallinas. Es su único interés. ¿Buscas gallinas?
- No -dijo el principito. -Busco amigos. ¿Qué significa 'domesticar'?
- Es una cosa demasiado olvidada -dijo el zorro.
- Significa 'crear lazos'.
- ¿Crear lazos?
- Sí -dijo el zorro. -Para mí no eres todavía más que un muchachito

semejante a cien mil muchachitos. Y no te necesito. Y tú tampoco me necesitas. No soy para ti más que un zorro semejante a cien mil zorros. Pero, si me domesticas, tendremos necesidad el uno del otro. Serás para mí único en el mundo. Seré para ti único en el mundo...

- Empiezo a comprender -dijo el principito. -Hay una flor... Creo que me ha domesticado...
- Es posible -dijo el zorro. -¡En la Tierra se ve toda clase de cosas...!
- ¡Oh! No es en la Tierra -dijo el principito.

El zorro pareció muy intrigado:

- ¿En otro planeta?
- Sí.
- ¿Hay cazadores en ese planeta?
- No.
- ¡Es interesante eso! ¿Y gallinas?
- No.
- No hay nada perfecto -suspiró el zorro.

Pero el zorro volvió a su idea:

- Mi vida es monótona. Cazo gallinas, los hombres me cazan. Todas las gallinas se parecen y todos los hombres se parecen. Me aburro, pues, un poco. Pero, si me domesticas, mi vida se llenará de sol. Conoceré un ruido de pasos que será diferente de todos los otros. Los otros pasos me hacen esconder bajo la tierra. El tuyo me llamará fuera de la **madriguera**, como una música. Y además, ¡mira! ¿Ves allá, los campos de trigo? Yo no como pan. Para mí el trigo es inútil. Los campos de trigo no me recuerdan nada. ¡Es bien triste! Pero tú tienes cabellos color de oro. Cuando me hayas domesticado, ¡será maravilloso! El trigo dorado será un recuerdo de ti. Y amaré el ruido del viento en el trigo...

El zorro calló y miró largo tiempo al principito.

- ¡Por favor... ¡domestícame! -dijo.
- Bien lo quisiera -respondió el principito, -pero no tengo mucho tiempo. Tengo que encontrar amigos y conocer muchas cosas.

- Sólo se conocen las cosas que se domestican -dijo el zorro. -Los hombres ya no tienen que conocer nada. Compran cosas hechas a los mercaderes. Pero como no existen mercaderes de amigos, los hombres ya no tienen amigos. Si quieres un amigo, ¡domestícame!
- ¿Qué hay que hacer? -dijo el principito.
- Hay que ser muy **paciente** -respondió el zorro. -Te sentarás al principio un poco lejos de mí, así, en la hierba. Te miraré de **reojo** y no dirás nada. La palabra es fuente de malentendidos. Pero, cada día, podrás sentarte un poco más cerca...

Al día siguiente volvió el principito.

- Hubiese sido mejor venir a la misma hora -dijo el zorro. -Si vienes, por ejemplo, a las cuatro de la tarde, comenzaré a ser feliz desde las tres. Cuanto más avance la hora, más feliz me sentiré. A las cuatro me sentiré **agitado** e inquieto; ¡descubriré el precio de la felicidad! Pero si vienes a cualquier hora, nunca sabré a qué hora preparar mi corazón... Los **ritos** son necesarios.
- ¿Qué es un rito? -dijo el principito.
- Es también algo demasiado olvidado -dijo el zorro.
- Es lo que hace que un día sea diferente de los otros días, una hora, de las otras horas. Entre los cazadores, por ejemplo, hay un rito. El jueves bailan con las muchachas del pueblo. El jueves es, pues, un día maravilloso. Voy a pasearme hasta la viña. Si los cazadores no bailaran en día fijo, todos los días se parecerían y yo no tendría vacaciones.

Así el principito domesticó al zorro. Y cuando se acercó la hora de la partida:

- ¡Ah!... -dijo el zorro. - Voy a llorar.
- Tuya es la culpa -dijo el principito. -No deseaba hacerte mal pero quisiste que te domesticara...
- Sí -dijo el zorro.
- ¡Pero vas a llorar! -dijo el principito.
- Sí -dijo el zorro.

- ¡Entonces, no ganas nada!
- Gano -dijo el zorro, -por el color del trigo.

Luego, agregó:

- Ve y mira nuevamente a las rosas. Comprenerás que la tuya es única en el mundo. Volverás para decirme adiós y te regalaré un secreto.

El principito se fue a ver nuevamente a las rosas:

- No sois en absoluto parecidas a mi rosa; no sois nada aún -les dijo.
- Nadie os ha domesticado y no habéis domesticado a nadie. Sois como era mi zorro. No era más que un zorro semejante a cien mil otros. Pero yo lo hice mi amigo y ahora es único en el mundo.

Y las rosas se sintieron bien molestas.

- Sois bellas, pero estáis vacías -les dijo todavía.
- No se puede morir por vosotras. Sin duda que un transeúnte común creerá que mi rosa os parece. Pero ella sola es más importante que todas vosotras, puesto que es ella la rosa a quien he regado. Puesto que es ella la rosa a quien abrigué con el biombo. Puesto que es ella la rosa cuyas orugas maté (salvo las dos o tres que se hicieron mariposas). Puesto que es ella la rosa a quien escuché quejarse, o alabarse, o aun, algunas veces, callarse. Puesto que ella es mi rosa.

Y volvió hacia el zorro:

- Adiós -dijo el zorro. He aquí mi secreto. Es muy simple: no se ve bien sino con el corazón. Lo esencial es invisible a los ojos.
- Lo esencial es invisible a los ojos -repitió el principito, a fin de acordarse.
- El tiempo que perdiste por tu rosa hace que tu rosa sea tan importante.
- El tiempo que perdí por mi rosa... -dijo el principito, a fin de acordarse.
- Los hombres han olvidado esta verdad -dijo el zorro. -Pero tú no debes olvidarla. Eres responsible para siempre de lo que has domesticado. Eres responsible de tu rosa...
- Soy responsible de mi rosa... -repitió el principito, a fin de acordarse.

1. Expresiones y léxico

domesticar: hacer tratable a una persona que no lo es.
madriguera: cueva en que habitan ciertos animales.
paciente: que tiene paciencia.
reojo: mirar disimuladamente dirigiendo la vista por encima del hombro, o hacia un lado y sin volver la cabeza.
agitado: inquieto, turbado.
ritos: costumbre o ceremonia.

2. Actividades de comprensión

1. ¿Porqué el zorro no puede jugar con el principito?
2. ¿Qué significa 'domesticar'?
3. ¿Qué ocurrirá si el principito le domesticara al zorro?
4. ¿Qué le recordará el trigo?
5. ¿Qué hay que hacer para domesticar?
6. ¿Porqué el zorro quiere que el principito venga siempre a la misma hora?
7. ¿Qué rito hay entre los cazadores?
8. ¿Porqué llora el zorro?

읽으면서 배우는 **스페인어**

1판 1쇄 발행 2004년 8월 30일
2판 2쇄 발행 2020년 5월 14일

저 자 김보영
발행인 한균태
발 행 경희대학교 출판문화원

등록번호 1960년 9월 16일 제 5-8호
(130-701) 서울 동대문구 경희대로 26
TEL. (02) 961-0106~7 FAX. (02) 962-8840
E-mail:press@khu.ac.kr
http://www.khupress.com

ISBN 978-89-8222-401-0 (13770)

값은 뒤표지에 있습니다.
잘못된 책은 바꾸어 드립니다.